MON CAHIER OBJECTIF BIKINI EN 12 SEMAINES

SISSY

AVEC LA COLLABORATION DE
SABRINA RODRIGUEZ ET FLORIANE LIMONNIER

ILLUSTRATION DE COUVERTURE
ISABELLE MAROGER

SOLAR
EDITIONS

Ce journal

APPARTIENT

à ....

Index

Introduction

Tous les ans à la même époque, celle du maillot de bain, vous prenez conscience que votre corps et votre esprit se sont ramollis durant l'hiver. Vous avez le teint pâle, votre ventre ou vos fesses se sont arrondis et, surtout, vous êtes partisane du moindre effort. Et si, cette année, vous décidiez de changer les choses ? De vous préparer pour l'été, afin de vous sentir enfin belle et bien sur la plage et pour toute l'année ? De vous mettre au sport, non pas parce qu'il le faut, mais parce que vous en avez envie ? De prendre plaisir à vous chouchouter, parce que, oui, vous vous sentez bien dans votre peau ? Avoir un beach body va vous demander certes un peu de travail, mais le jeu en vaut la chandelle ! Le secret ? Renouer avec une vie saine et active tout en se faisant plaisir ! Et, croyez-moi, se sentir bien dans son bikini n'a pas de prix.

Mon cahier Objectif kibini va vous accompagner dès le printemps et durant toute la saison estivale en vous faisant pratiquer le fitness, en vous orientant vers une alimentation healthy et en vous soufflant toutes les meilleures astuces pour vous sublimer. Vous voulez un beach body pour cet été ? Vous voulez garder ce corps sublime toute l'année ? C'est parti !

Test : Êtes-vous bikini ready ?

Il y a celles qui semblent être nées sirènes, qui sortent de l'eau les cheveux impeccablement coiffés et qui parviennent à marcher dans le sable avec une allure de top model. Et celles qui se tordent les pieds sur les galets, qui doivent remettre leur bas de maillot de bain en place et qui se sentent mal à l'aise avec leurs petits kilos en trop. L'été est-il votre saison de prédilection ? Qu'est-ce qui peut faire de vous une véritable beach girl ? Faites le test !

Quelle est votre saison préférée ?

- ◆ L'été.
- ● Le printemps.
- ▲ L'hiver.

Question maillot de bain, vous êtes plutôt :

- ● Deux pièces emboîtant.
- ◆ Tanga et petit triangle.
- ▲ Une pièce couvrant.

Niveau pratique physique, vous préférez :

- ▲ Faire votre sport chez vous, avec des vidéos YouTube par exemple.
- ◆ Aller en salle car vous débordez d'énergie et aimez l'ambiance.
- ● Faire du cycling, du running, etc., dans un lieu paisible.

Quelle relation entretenez-vous avec votre corps ?

- ● Vous souhaiteriez le tonifier et le galber.
- ◆ Vous en êtes contente et en prenez soin au quotidien.
- ▲ Vous ne vous sentez pas bien dans votre peau mais êtes prête à changer les choses.

Concernant votre tenue de fitness...

- ◆ Une brassière et un legging pour être au top.
- ● Un tee-shirt et un short ou un pantalon sont de rigueur.
- ▲ Un pyjama fait l'affaire !

Comment qualifieriez-vous votre alimentation ?

- ● Vous mangez plutôt sain mais ne vous refusez rien.
- ▲ Vous ne vous refusez rien : vous vous faites plaisir !
- ◆ Super équilibrée au quotidien.

Vous avez choisi ce *Cahier Objectif bikini* :

- ● Afin de vous accompagner dans votre parcours sportif.
- ◆ Pour ses astuces de remise en forme et beauté.
- ▲ Car vous souhaitez vraiment vous reprendre en main.

À la plage, vos activités, c'est :

- ● Baignade et lecture.
- ▲ Pêche aux coquillages et promenades le long de l'eau.
- ◆ Bronzette, causette avec les copines et drague des beaux garçons.

Votre style vestimentaire :

- ◆ Fashionista, vous tentez chaque nouveau look. De toute façon, tout vous va !
- ▲ Vos tenues sont confortables et fonctionnelles. La mode ? Euh…
- ● Vous aimez la mode, mais vous ne savez pas toujours vous mettre en valeur ni vous composer un look d'enfer.

Votre objectif pour la rentrée :

- ◆ Garder votre bronzage et votre bonne mine le plus longtemps possible.

● Avoir perdu du poids et avoir retrouvé la forme !

▲ Vous être bien reposée et revenir avec de beaux souvenirs.

Faites les comptes !

◆	●	▲

Vous avez une majorité de ◆ : *Vous n'avez plus qu'à parfaire votre shape !*

Bien dans votre peau, vous adorez l'été ! Rien de mieux pour vous que siroter un cocktail de fruits, allongée sur le sable en maillot de bain. Votre but à la plage ? Bronzer et amener votre beauté à son maximum ! Si vous n'avez pas besoin de perdre beaucoup de poids, vous cherchez à parfaire votre shape après avoir repris un peu de gras pendant l'hiver. Votre objectif : être une vraie bomba sur la plage ! En plus, ce programme vous donnera plein d'astuces pour prendre soin de votre corps et le mettre en valeur, afin d'obtenir un bronzage au top.

Vous avez une majorité de ● : *Vous êtes prête… à vous y remettre !*

Adepte du paréo ou du trikini, vous aimeriez vous sentir mieux dans votre corps. Rien de tel pour vous que le printemps pour se reprendre en main, se remettre au sport et miser sur les bons plats frais et légers. Le programme proposé vous permettra de vous tonifier et de vous galber sans contrainte. Cette année, vous vous sentirez comme une déesse à Copacabana, et vous oserez peut-être même le bikini !

Vous avez une majorité de ▲ : *Vous êtes prête… à vous lancer !*

Si vous appréciez le beau temps et les douces chaleurs, vous aimez en revanche beaucoup moins porter des tenues légères. Peu à l'aise dans votre corps, vous ne cessez de le dénigrer et de le camoufler. Et si, au lieu de le détester, vous mettiez toutes les chances de votre côté pour devenir celle que vous rêvez d'être ? Patience et courage seront de rigueur, mais ce cahier sera votre meilleur allié ! Bientôt, vous dépenser et manger sain rimeront avec plaisir et bien-être !

Mon bilan training

Dans une préparation avant la plage, se bouger un peu le popotin est incontournable. Où en êtes-vous avec le sport? Ce programme sur 12 semaines vous propose 3 niveaux pour 3 paliers de difficulté. Un vrai programme sur mesure! Et ça, c'est essentiel pour la réussite de votre challenge, car si le niveau est trop bas, trop facile, vous n'obtiendrez aucun résultat, ni sur votre perte de poids ni sur la tonicité de votre silhouette. Vous risquez aussi de vous ennuyer et d'abandonner... À l'inverse, si le niveau est trop difficile, vous risquez de ne pas terminer votre circuit. Du coup, vous vivrez cette expérience comme un échec et un calvaire. Faire du sport à votre niveau vous permettra de tonifier votre silhouette, mais aussi de renforcer votre motivation et de booster la sécrétion des hormones du bien-être, les endorphines. Mieux vaut donc ne pas tricher et pratiquer selon son véritable niveau. Vous avez votre stylo et un chrono? Bikini steady, ready... C'est parti pour l'instant de vérité!

La répétition est validée à partir du moment où l'amplitude demandée est respectée! Par exemple, pour qu'un demi-squat soit validé, il faut que vos fessiers soient à hauteur de vos genoux lors de la flexion. Pour les pompes, votre poitrine doit toucher le sol. Donnez votre max!

Mon test

Sur le temps imparti, notez le nombre de répétitions exécutées.

EXERCICES	Mon score (NOMBRE DE RÉPÉTITIONS)	Niveau débutant (NOMBRE DE RÉPÉTITIONS)	Niveau intermédiaire (NOMBRE DE RÉPÉTITIONS)	Niveau confirmé (NOMBRE DE RÉPÉTITIONS)
Squat demi (p. 39) 1 min	....	☐ moins de 30	☐ plus de 30	☐ plus de 40
Pompes commando (p. 39) 30 s	....	☐ moins de 10	☐ plus de 10	☐ plus de 15
Planche gainage (p. 39) Temps max	....	☐ moins de 30 s	☐ plus d'1 min	☐ plus d'1 min 30
Burpees (p. 144) 30 s	....	☐ moins de 5	☐ moins de 10	☐ plus de 10

→ Si vous avez coché deux résultats dans la même colonne, vous connaissez désormais votre niveau !

→ Si vous avez coché un résultat dans chaque colonne, vous vous êtes trompée, il faut recommencer le test !

Mon bilan nutrition

Maintenant que vous connaissez votre niveau en training, il reste un détail important à régler : votre alimentation ! Car faire du sport sans bien manger, ou inversement, faire un régime sans faire de sport est voué à l'échec. Alors mangez-vous bien et raisonnablement ? Êtes-vous plutôt une grande gourmande qui grignote toute la journée et se sert de grandes assiettes sans rien se refuser ? Ou plutôt du style healthy, à contrôler que tous vos macronutriments sont bien dans votre assiette ? Ou encore, êtes-vous une régimeuse qui se restreint un maximum quelques semaines avant d'enfiler le bikini ?

Test : Quelle est ma relation à la nourriture ?

Mangez-vous équilibré ? Pour le savoir, recensez pendant 1 semaine ce que vous mangez et inscrivez-le ci-dessous. Notez tous les aliments consommés à chaque repas. Puis cochez leurs catégories (protéines, glucides, lipides, légumes) et leur quantité. Pour vous repérer facilement, la bonne portion est indiquée en utilisant la main comme repère (par exemple, la bonne portion de protéines à consommer par repas équivaut à la paume de la main). Cochez si vous en avez consommé cette quantité, si vous en avez mangé plus, ou moins !

Comment savoir quel aliment correspond à quelle catégorie ?
Les protéines : poisson, viande, volaille, œuf, produits laitiers, tofu, tempeh, seitan...
Les légumes : légumes à feuilles vertes (épinards, laitue, roquette...), légumes crucifères (navet, chou-fleur...), légumes-racines (carotte, betterave, céleri...), légumes fruits (aubergine, courge, courgette, poivron, tomate, concombre...)
Les lipides : huiles, oléagineux, graines...
Les glucides : fruits, céréales/féculents, légumineuses/légumes secs.

		PROTÉINES			GLUCIDES			LIPIDES			LÉGUMES		
			+	-		+	-		+	-		+	-
LUNDI	Petit déj												
	Collation												
	Déjeuner												
	Collation												
	Dîner												

		Protéines	+	-	Glucides	+	-	Lipides	+	-	Légumes	+	-
MARDI	Petit déj	☐	☐	☐	☐	☐	☐	☐	☐	☐	☐	☐	☐
	Collation	☐	☐	☐	☐	☐	☐	☐	☐	☐	☐	☐	☐
	Déjeuner	☐	☐	☐	☐	☐	☐	☐	☐	☐	☐	☐	☐
	Collation	☐	☐	☐	☐	☐	☐	☐	☐	☐	☐	☐	☐
	Dîner	☐	☐	☐	☐	☐	☐	☐	☐	☐	☐	☐	☐
MERCREDI	Petit déj	☐	☐	☐	☐	☐	☐	☐	☐	☐	☐	☐	☐
	Collation	☐	☐	☐	☐	☐	☐	☐	☐	☐	☐	☐	☐
	Déjeuner	☐	☐	☐	☐	☐	☐	☐	☐	☐	☐	☐	☐
	Collation	☐	☐	☐	☐	☐	☐	☐	☐	☐	☐	☐	☐
	Dîner	☐	☐	☐	☐	☐	☐	☐	☐	☐	☐	☐	☐
JEUDI	Petit déj	☐	☐	☐	☐	☐	☐	☐	☐	☐	☐	☐	☐
	Collation	☐	☐	☐	☐	☐	☐	☐	☐	☐	☐	☐	☐
	Déjeuner	☐	☐	☐	☐	☐	☐	☐	☐	☐	☐	☐	☐
	Collation	☐	☐	☐	☐	☐	☐	☐	☐	☐	☐	☐	☐
	Dîner	☐	☐	☐	☐	☐	☐	☐	☐	☐	☐	☐	☐
VENDREDI	Petit déj	☐	☐	☐	☐	☐	☐	☐	☐	☐	☐	☐	☐
	Collation	☐	☐	☐	☐	☐	☐	☐	☐	☐	☐	☐	☐
	Déjeuner	☐	☐	☐	☐	☐	☐	☐	☐	☐	☐	☐	☐
	Collation	☐	☐	☐	☐	☐	☐	☐	☐	☐	☐	☐	☐
	Dîner	☐	☐	☐	☐	☐	☐	☐	☐	☐	☐	☐	☐

		PROTÉINES			GLUCIDES			LIPIDES			LÉGUMES		
			+	-		+	-		+	-		+	-
SAMEDI	Petit déj	☐	☐	☐	☐	☐	☐	☐	☐	☐	☐	☐	☐
	Collation	☐	☐	☐	☐	☐	☐	☐	☐	☐	☐	☐	☐
	Déjeuner	☐	☐	☐	☐	☐	☐	☐	☐	☐	☐	☐	☐
	Collation	☐	☐	☐	☐	☐	☐	☐	☐	☐	☐	☐	☐
	Dîner	☐	☐	☐	☐	☐	☐	☐	☐	☐	☐	☐	☐
DIMANCHE	Petit déj	☐	☐	☐	☐	☐	☐	☐	☐	☐	☐	☐	☐
	Collation	☐	☐	☐	☐	☐	☐	☐	☐	☐	☐	☐	☐
	Déjeuner	☐	☐	☐	☐	☐	☐	☐	☐	☐	☐	☐	☐
	Collation	☐	☐	☐	☐	☐	☐	☐	☐	☐	☐	☐	☐
	Dîner	☐	☐	☐	☐	☐	☐	☐	☐	☐	☐	☐	☐

→ **Vous avez coché beaucoup de « + »** dans toutes les catégories ? Vous mangez trop ! L'équilibre alimentaire, c'est aussi respecter des portions raisonnables, adaptées à votre métabolisme (voir p. 16). Sinon vous risquez de grossir !

→ **Vous avez coché des « – » dans toutes les catégories ?** Vous êtes du genre régimeuse ? En fait, ce n'est pas la solution pour mincir, mieux vaut manger équilibré, c'est tout aussi efficace (voir p. 25) !

→ **Vous avez coché des « + » ou des « – » dans une catégorie particulière ?** Votre alimentation est déséquilibrée. Or une alimentation déséquilibrée n'offre pas au corps tout ce dont il a besoin, et les déséquilibres se font souvent en faveur d'une alimentation sucrée et grasse qui se stocke facilement. Rééquilibrez tout ça pour atteindre vos objectifs bikini body !

→ **Vous n'avez coché aucune case « + » ou « – », mais toutes les cases des portions idéales ?** Bravo, votre alimentation est équilibrée et en juste quantité ! Vous pourrez encore améliorer sa qualité avec nos astuces p. 30 et profiter des conseils food brûle-graisse. Mais si vous avez des problèmes de poids, c'est que vous êtes sûrement trop inactive. Alors on se bouge !

Mon suivi silhouette

Ça y est, vous êtes prête à lancer le compte à rebours avant la playa ! Vous êtes dans les starting-blocks pour partir en shopping fitness et vous avez pris la résolution d'arrêter les Dragibus®. Avant de commencer, remplissez cette fiche de mensurations et prenez-vous en photo. Tous les 15 jours, prenez vos mensurations, et chaque semaine tracez votre courbe de poids sur la page ci-contre. Vous serez surprise des résultats dans 3 mois… et des changements dans votre mode de vie !

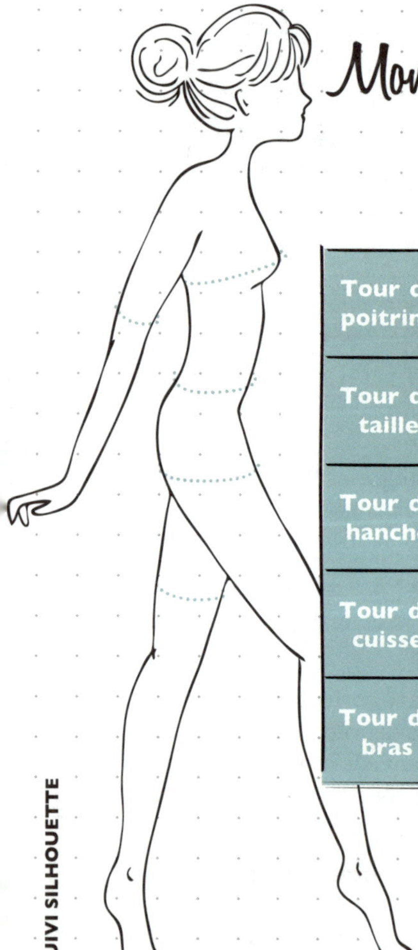

Mon suivi de mensurations

		MOIS 1		MOIS 2		MOIS 3	
	SEMAINE 0	SEMAINE 2	SEMAINE 4	SEMAINE 6	SEMAINE 8	SEMAINE 10	SEMAINE 12
Tour de poitrine							
Tour de taille							
Tour de hanche							
Tour de cuisse							
Tour de bras							

Mon suivi de poids

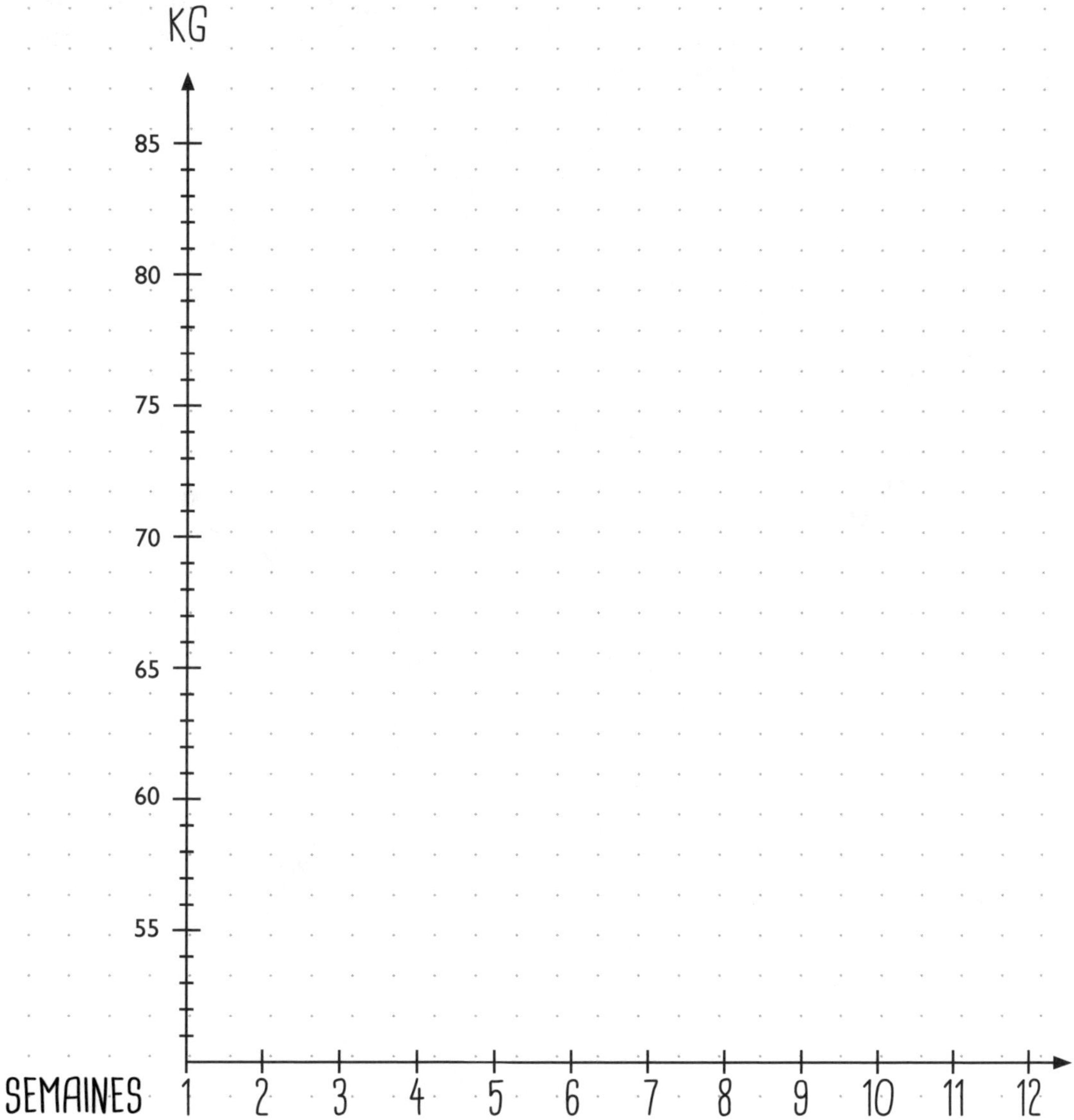

Mon objectif

Pour tenir son objectif, il faut savoir ce que l'on veut. Dans les moments down, c'est ce qui remotive. Notez ici ce que vous souhaitez obtenir après les 12 semaines de programme bikini. Notez aussi ce qui va vous aider à tenir, vos jokers, vos atouts, le plan mis en place. Ainsi vous aurez tous les outils pour réussir et positiver !

MON PLAN

- 3 séances de training par semaine
- Un rééquilibrage alimentaire pour booster la perte de poids
- Un max de cocooning et de beauté pour se préparer à la plage

MES MOTIVATIONS

- Perdre . . . . kilos
- Me tonifier
- Perdre ma cellulite
- . . . .

OBJECTIF

bikini ready

en 12 SEMAINES

MES ATOUTS

- Mental d'acier
- . . . .

MES JOKERS

- Ma/mon fitpartner . . . .
- . . . .

Mon guide bikini ready

Être bikini ready ne se fait pas en un claquement de doigts. Vous allez devoir vous bouger et rééquilibrer votre alimentation. Bref, mettre en place un nouveau mode de vie healthy. Mais pas de panique, dans quelques semaines, vous adorerez ça, d'autant plus quand vous verrez l'effet sur votre silhouette !

Les 4 raisons de se mettre au sport avant l'été

1. Pour me sculpter un beach body intégral !

Le fitness est un sport rapide, efficace et complet, qui sollicite l'ensemble des muscles du corps lorsqu'il est bien pratiqué. Travailler absolument tous vos muscles, même ceux dont vous ne soupçonnez pas l'existence, ni l'importance, comme ceux du dos, du buste ou de l'arrière des jambes, est le secret qui fera toute la différence. Mincir est une chose, mais ce sont la posture, l'équilibre et le galbe de votre silhouette qui vous donneront l'allure d'une déesse !

2. Pour dézinguer la cellulite !

Autre avantage, et non des moindres, le fitness est l'un des meilleurs sports contre la cellulite et autre peau d'orange. La cellulite est une conséquence normale de la production d'hormones, mais il est tout à fait possible d'en venir à bout. Ma véritable arme contre la cellulite ? Le fitness et la musculation (à associer avec un peu de cardio-training). Le type d'effort demandé lors de la pratique de ces activités sollicite fortement les muscles, brûle beaucoup d'énergie et déstocke les graisses accumulées. Rien de tel pour arborer de jolies gambettes bien lisses une fois l'été venu !

3. Pour mincir vite !

Le fitness présente un autre avantage : être efficace en peu de temps. Inutile de passer ses soirées entières à la salle. Si vous êtes régulière, entre 3 et 4 séances par semaine, à raison d'1 heure maximum par séance, vous obtiendrez des résultats. Cela peut paraître beaucoup, mais en commençant progressivement par 1, puis 2, puis 3 séances par semaine, votre corps s'habituera à l'effort, et c'est même lui qui vous en redemandera. Au fil du temps, vous allez adorer vous muscler, et vous entraîner au fitness ne sera plus une contrainte ni un effort, mais un plaisir et une nécessité pour votre bien-être… Une véritable addiction !

4. Pour me sentir mieux dans ma peau !

Vous allez adorer sentir votre corps vivant et fort. Le fitness va vous aider à reprendre confiance en vous, car vous allez relever des défis, vous dépasser. Vous allez tisser une meilleure relation avec votre corps, vous pourrez compter sur lui, vous saurez l'écouter. Vous serez plus à l'aise, en phase avec lui. Il vous donnera une meilleure présence et une meilleure prestance. Sans compter que vous serez plus autonome, en étant capable de porter vos courses toute seule, par exemple.

Mincir, comment ça marche ?

Vous n'êtes pas encore tout à fait convaincue de l'utilité de vous bouger (et de souffrir un tout petit peu, au début) pour mincir ? Vous comptez tout miser sur le régime ? Stop ! Le fitness vous fera peut-être mal aux cuisses les premières fois (avant de devenir une véritable addiction), mais il est bien plus efficace. Rapport effort/dépense calorique, il bat le régime à plate couture. Et cela grâce à l'augmentation du métabolisme basal.

Le métabolisme basal, quèsaco ?

Le métabolisme basal, ou métabolisme de base, est l'énergie que dépense le corps pour son fonctionnement au repos, durant la journée. Il s'agit donc des besoins incompressibles du corps pour maintenir en activité ses fonctions vitales, comme celles du cœur, du cerveau, des poumons... Le métabolisme basal dépend de très nombreux paramètres, tels que le sexe, l'âge et le poids, et tend à diminuer avec les années.

Je calcule mon métabolisme basal

La formule actuelle du métabolisme basal d'une femme est :
655,1 + (9,6 × poids en kg : ....) + (1,9 × taille en cm : ....)
+ (4,7 × âge en années : ....)

Mon métabolisme basal est de .... kcal/jour.

Ce chiffre indique le nombre de calories minimum dont votre corps a besoin pour vivre. Vous ne devez jamais consommer moins de calories que votre métabolisme basal, au risque de mettre votre corps en mode disette... ou en danger.

Le but : augmenter le métabolisme !

Mincir, c'est une équation entre les entrées et les dépenses d'énergie. L'idée est donc d'augmenter les dépenses en faisant du sport sans se priver de manger, car les privations incitent le corps à mettre en réserve !

Comment bien m'entraîner ?

J'apprends à maîtriser les exercices

Ne soyez pas déçue de commencer à un niveau débutant, sans poids par exemple. Faire les mouvements avec seulement le poids du corps vous permettra de mieux appréhender les postures, de vous familiariser avec votre corps et de ne pas vous faire mal. Si certaines mauvaises positions (comme sur le squat) peuvent être bénignes sans poids, elles deviennent dangereuses avec des charges plus lourdes, notamment pour le dos. Vous avez l'impression de ne pas forcer ? Travailler sans poids sur des séries longues vous fera transpirer, vous verrez ! Cette méthode est un très bon moyen de renouer avec le sport en douceur, sans se brusquer ni se blesser, tout en obtenant d'excellents résultats.

J'apprends à bien respirer sur l'effort

Évitez de faire de l'apnée sur les efforts au risque de devenir toute bleue ! Vous devez adopter une respiration latérale thoracique, c'est-à-dire respirer par la cage thoracique : lors de l'inspiration, vous devez sentir vos côtes s'écarter les unes des autres, votre cage thoracique s'ouvrir, se gonfler, alors que sur l'expiration, vous devez sentir la cage thoracique s'abaisser et vos côtes se rejoindre. Pendant les premiers entraînements, quand c'est dur, vous aurez tendance à bloquer votre respiration sur les phases d'effort. C'est un réflexe instinctif de concentration, le problème c'est que vous êtes alors moins performante puisque vos muscles ne sont plus alimentés. Car c'est l'oxygène qui facilite l'utilisation des sucres et des graisses par les muscles, donc plus les muscles sont oxygénés, plus ils sont alimentés et travaillent efficacement. Ça sera beaucoup plus facile de tenir plus longtemps en respirant. Le principe : expirez sur l'effort, inspirez sur le relâchement.

Je travaille en conscience

Soyez toujours à l'écoute de votre ressenti sur les mouvements. Concentrez-vous sur les muscles sollicités, soyez impliquée, consciente de chaque mouvement, en évitant de répéter mécaniquement les exercices. Ressentez chaque muscle sollicité et coordonnez votre respiration. Vous exécuterez mieux les exercices, vous serez plus efficace. Mieux, contractez volontairement le muscle avant même de commencer le mouvement, cela stimule un maximum le muscle. Par exemple, sur l'exercice du squat (voir p. 40), contractez les fesses avant même de pousser sur les talons pour remonter et revenir à la position de départ. Pour accomplir le mouvement, anticipez votre contraction musculaire avant même que celle-ci s'exécute ! Ainsi, vous améliorez l'utilisation nerveuse de vos muscles, c'est-à-dire que vous utilisez plus de fibres musculaires. Vous atteindrez vos objectifs plus rapidement.

Comment bien me placer sur les exercices ?

Pendant un effort, le placement du corps est essentiel pour limiter le risque de blessures. Vous travaillez vos muscles tout en respectant le reste de votre corps, sans tirer ni maltraiter votre dos, par exemple.

Placement du bassin : pour protéger votre colonne, peu importe l'exercice, vos abdominaux doivent toujours rester engagés afin de garder le dos le plus droit possible et le bassin bien stable.

Placement des genoux : sur les flexions de jambes (squats, squats sumo, fentes, fentes croisées…), vos genoux doivent toujours rester au-dessus du cou-de-pied. Si les genoux sont trop en avant, cela crée trop de tension dans les ligaments.

Placement des épaules : veillez toujours à garder vos épaules éloignées de vos oreilles en joignant les omoplates, cela vous évitera également d'avoir le haut du dos qui s'arrondit pendant les squats…

Je me challenge !

Donnez-vous à 100 %, du début à la fin de la séance. Seule l'intensité paie. Enchaîner les exercices maintient le cardio à un niveau élevé, car le corps n'a pas le temps de récupérer entièrement. Transpirez ! Si vous êtes fatiguée et essoufflée à la fin de l'entraînement, c'est que vous avez bien travaillé. Si vous avez des courbatures le lendemain ou le surlendemain, c'est que vous avez progressé, vous avez mobilisé un muscle que vous n'aviez pas l'habitude de solliciter ou vous l'avez sollicité plus intensivement. Essayez de dépasser vos limites à chaque entraînement. Pas besoin de faire 50 répétitions en plus, 1 ou 2 répétitions supplémentaires à chaque entraînement, et vous êtes sûre de progresser durablement !

Je me prépare !

Pour devenir une fit-girl accomplie, tout commence par la tenue et le matériel. Bien que ce sport ne nécessite pas beaucoup d'accessoires, il est indispensable, pour pratiquer en toute sécurité autant que pour se motiver, de disposer de matériel de qualité.

Ma tenue de fit-girl

Que vous pratiquiez chez vous ou en salle, la tenue de fitness est primordiale. C'est elle qui vous motivera à bouger ; elle vous permettra d'être à l'aise dans vos mouvements et vous accompagnera durant tous vos exercices.

- **Si vous faites vos exercices chez vous,** choisissez une tenue confortable, qui vous motive, comme une petite brassière et un short ou un legging, par exemple. Oubliez tout de suite l'idée de pratiquer en pyjama. En choisissant un modèle qui vous plaît, vous aurez envie de l'enfiler et de commencer votre workout.

- **Si vous vous entraînez en salle,** choisissez une tenue qui vous plaît, mais aussi dans laquelle vous êtes à l'aise. Inutile d'acheter une brassière si vous avez peur de montrer votre petit ventre.
- **Si vous vous entraînez outdoor,** adaptez votre tenue en fonction de la saison. Couvrez-vous, choisissez des matières plus chaudes pour l'hiver et surtout respirantes, afin de ne pas tomber malade à cause d'une transpiration froide retenue par le tee-shirt.

La matière

Optez pour une matière qui sèche vite et laisse passer l'air, afin de ne pas vous retrouver dans un sauna. Je privilégie pour ma part les tenues en coton, car, contrairement à certaines matières synthétiques, elles ne prennent pas de mauvaises odeurs lorsqu'on transpire. Méfiez-vous de toutes les marques non spécialisées dans le fitness qui se lancent dans les vêtements de sport. Les coupes sont souvent mal ajustées et les maintiens rarement élaborés. Vous risquez de vous retrouver avec un legging qui glisse pendant la séance ou une brassière qui ne vous maintient pas du tout la poitrine pendant vos jump squats.

Les chaussures

Il est important d'avoir une paire de baskets spécialement conçues pour le fitness. Faire votre sport sur la moquette de votre chambre n'est pas une raison valable pour vous entraîner pieds nus. Certains exercices génèrent de nombreux impacts sur les articulations ou la colonne vertébrale et imposent de porter des chaussures avec un amorti adapté. Si vous êtes perdue devant le nombre incalculable de chaussures du magasin, n'hésitez pas à vous faire conseiller.

Le tapis de fitness (ou de yoga)

Je vous recommande d'acheter un bon tapis de fitness. Il en existe de toutes sortes, de toutes épaisseurs et de toutes les couleurs. Choisissez-le suffisamment épais afin d'être bien installée lors d'exercices comme les abdos, le gainage ou encore pour le fessier. Votre tapis doit protéger votre dos, vos avant-bras ou vos genoux, sans quoi la douleur vous empêchera d'aller au bout des exercices. Je vous déconseille les premiers prix, généralement aussi fins qu'une tong, mais il n'est pas pour autant indispensable d'investir dans un tapis de compétition ou de marque. Le tout est que vous soyez confortable sans avoir à le doubler.

Les haltères et lests

Au bout d'un moment, ce type d'équipement sera beaucoup plus pratique qu'empiler les packs d'eau sur vos épaules pour ajouter du poids et intensifier vos exercices, et le prix du matériel sera vite amorti. Je vous déconseille les haltères au poids déterminé, de 1, 2, 3 kg… Ils finiront au placard dès que votre force évoluera. Préférez les kits d'haltères modulables, constitués de deux petites barres et de disques. Vous pourrez ainsi mettre le poids désiré en additionnant ou enlevant des disques, et vos haltères vous suivront durant tout votre parcours. De même, lorsque vous serez à l'aise avec des mouvements comme les squats, vous pourrez investir dans une barre afin d'y placer des poids de part et d'autre et la mettre sur vos épaules. Les lests (petits poids que l'on peut attacher autour des chevilles, par exemple) peuvent également être très utiles lorsque vous travaillez votre fessier.

Comment planifier mes séances ?

Hop, dernière étape avant de vous lancer : vous or-ga-ni-ser ! Pour être sûre de vous y tenir sur la distance, mieux vaut que votre séance de sport soit planifiée dans votre agenda et qu'elle s'y intègre bien. Mais il faut aussi que ce soit le bon moment pour votre corps.

Quand planifier mon training ?

Le moment optimal

On peut penser qu'il est préférable de faire son sport le matin, ou plutôt le soir, avant manger ou encore après. Difficile de se retrouver parmi toutes les recommandations divergentes. Il a été démontré scientifiquement que le corps humain est le plus performant aux alentours des 17-18 heures. Celui-ci aurait une meilleure puissance et une meilleure endurance, et ce serait aussi l'heure où nous serions le plus motivé. Si vous êtes disponible et en forme en fin de journée, c'est donc sûrement le meilleur moment pour vous entraîner. Néanmoins, si vos horaires sont incompatibles, pas de problème : vous pouvez tout à fait faire votre séance à un autre moment.

Le moment qui me convient

Même si certains moments sont plus propices que d'autres à la pratique sportive, faites vos séances quand vous en avez envie. Il est primordial que votre séance sportive reste un plaisir, un moment que vous vous consacrez. Une pause détente dans votre quotidien surbooké. Comme vous l'avez compris, les résultats apparaîtront si vous êtes régulière et si vous adoptez le fitness comme un nouveau mode de vie. Vous forcer à faire votre séance à 6 heures du matin avant de partir au travail, ou le soir à 22 heures n'est pas une bonne idée. Choisissez l'horaire qui vous convient le mieux, et tenez-vous-y ! Mieux vaut faire ses séances à des périodes moins recommandées que de se bouger à contrecœur et arrêter deux semaines plus tard. Au début de chaque semaine, un agenda vous permettra de vous organiser pour prévoir vos séances au meilleur moment.

Avant de commencer : warm up !

Dernière étape avant les choses sérieuses : l'échauffement. L'échauffement et les étirements font partie intégrante du training. Vouloir sauter cette étape par flemme ou manque de temps est un mauvais choix. Vous vous sentez bien aujourd'hui, mais qu'en sera-t-il demain quand vous serez aussi raide qu'un piquet ?

Les bénéfices d'un bon échauffement

Il est parfois rébarbatif de consacrer du temps à son échauffement, mais vous avez tout à y gagner. L'échauffement a plusieurs objectifs :

- Un échauffement type petit running, exercices cardio ou encore vélo elliptique augmente la température corporelle et met votre corps dans de meilleures conditions. Les exercices seront ensuite plus faciles à effectuer.
- Un échauffement plus ciblé, comme des flexions sans charge ou du rameur, vous permettra d'échauffer plus localement vos jambes ou votre buste afin d'éviter les blessures.
- Enfin, l'échauffement vous permet de passer d'un mode repos à un mode actif en douceur, sans brusquer votre corps. C'est aussi une préparation mentale : en vous échauffant, vous prévenez votre cerveau qu'il va devoir se mettre en mode training et se concentrer !

Comment je m'y prends ?

Votre séance d'échauffement doit durer une quinzaine de minutes. Veuillez donc à ne pas confondre échauffement et séance de cardio-training. Si votre échauffement est trop long, vous risquez de trop puiser dans vos ressources et de vous fatiguer inutilement. Enchaînez rapidement avec votre séance, afin de ne pas perdre les bénéfices de l'échauffement.

Prévoyez dans votre warm up des exercices qui font monter la fréquence cardiaque, la température du corps en sollicitant le corps de manière globale comme dans l'échauffement de base ci-dessous. Toutes les zones musculaires du corps seront échauffées, les articulations lubrifiées et les tendons assouplis : vous serez prête pour toutes vos séances !

Mes échauffements de base

À la fin, je n'oublie pas le stretching

Afin d'améliorer votre souplesse et la coordination de vos mouvements, d'éviter les blessures ou encore de vous relaxer, il est important que vous réalisiez régulièrement quelques séries d'étirements.

Le stretching, quèsaco ?

Je considère qu'il y a deux types d'étirements. Ceux que l'on pratique juste après sa séance et ceux que l'on prend comme une séance à part entière et que l'on pratique durant 30 minutes ou 1 heure. Ces deux types de stretching ne s'effectuent pas de la même façon et n'ont d'ailleurs pas la même visée.

Le stretching de fin de séance sert à décontracter les muscles sollicités, à faire redescendre progressivement la température corporelle et, surtout, à vous détendre après une activité énergique.

Le stretching pris comme une séance à part entière a pour objectif de forcer sur l'étirement et de vous faire progresser en souplesse. Aux athlètes, cela permet d'assouplir et d'allonger des muscles que le renforcement musculaire a tendance à raidir. C'est le type d'exercices donnés dans le programme entre deux séances, par exemple.

Comment je m'y prends ?

En training...

De manière générale, lorsque vous pratiquez des exercices de musculation, afin de conserver votre souplesse, il est toujours préférable d'effectuer des mouvements à amplitude complète, c'est-à-dire en faisant le mouvement jusqu'au bout (contraction et étirement du muscle), quitte à réduire la charge que vous utilisez plutôt qu'augmenter le poids et réduire l'amplitude. En vous concentrant sur le mouvement, plutôt que sur la charge, vous mettez toutes les chances de votre côté. Ainsi, vous travaillerez mieux, sans risque de blessure, et optimiserez vos résultats.

Après le training

Vous pouvez consacrer environ 10 minutes au stretching et à la relaxation. Si vous vous entraînez en salle de sport, par exemple, essayez de vous isoler dans un endroit calme ou, à défaut, attendez de rentrer chez vous pour effectuer votre séance dans une atmosphère paisible, où vous pourrez vous détendre et vous concentrer sur les mouvements. Afin de vous sentir dans un cocon, vous pouvez par exemple baisser la lumière et mettre une musique qui vous apaise.

Quelles zones étirer selon le type de séance et les muscles sollicités ?

Que ce soit cardio ou renfo, lorsque vous travaillez le haut du corps + abdos, étirez uniquement le haut du corps. Quand c'est bas du corps + abdos, étirez le bas du corps et vos épaules (car le gainage sollicite beaucoup les épaules). Et lorsque c'est full body, étirez tout le corps.

Commencez par étirer le haut de votre corps et descendez petit à petit vers vos jambes et mollets. Vous devez toujours étirer un muscle, puis son opposé (agoniste et antagoniste), par exemple : le quadriceps (muscle avant de la cuisse), puis l'ischio-jambier (muscle de l'arrière de la cuisse), ou encore le biceps puis le triceps (muscles respectivement de l'avant et de l'arrière du bras). Descendez progressivement, entraînée par le poids de votre corps. Rappelez-vous, vous n'êtes pas là pour vous faire un claquage mais pour vous faire du bien !

En dehors des séances...

Concernant les étirements en eux-mêmes, vous n'avez pas besoin d'y consacrer 1 heure tous les jours ! Quelques minutes de stretching efficace pratiquées régulièrement suffisent à améliorer votre souplesse. L'excuse du manque de temps ou de souplesse ne tient pas ! Tout au long de ce programme, je vous proposerai des séances de récup' entre les trainings pour vous garder au top !

Les étirements de base

Mincir, ça se passe aussi dans l'assiette !

Dans le fitgame, on dit 30 % à la salle, 70 % dans votre cuisine. Moi, je dirais 50/50. Vos choix alimentaires au quotidien ont un impact direct sur votre corps, votre santé et votre progression sportive. Pour obtenir le corps de vos rêves, ce que vous mettez dans votre assiette est aussi important que le sport que vous pratiquez.

Régime no régime

Le corps a-t-il besoin d'être privé pour être mince ? Non, il a juste besoin que vous lui apportiez le bon combustible, et non des aliments qui vont venir l'alourdir, le gêner et l'encrasser. Pourquoi les régimes ne marchent pas ?

Raison n° 1 : tout simplement parce que personne ne peut suivre un régime (frustrateur et générateur d'angoisses) à vie !

Raison n° 2 : souvent mal équilibrés et trop restrictifs, ces régimes vous font perdre plus de muscle que de gras, et c'est bien là le problème !

Raison n° 3 : le moment critique ? Celui du retour à une alimentation normale. N'ayant pas forcément compris les principes d'une alimentation saine qui vous gardera mince, vous vous retrouvez perdue. Et hop, retour à la case départ !

Raison n° 4 : le métabolisme basal (voir p. 16) ayant diminué durant cette période de restriction, bonjour l'effet yo-yo !

Les calories

Alors, qu'en est-il des calories ? Les « calories pour 100 g » représentent l'énergie apportée par un aliment. Elles ne tiennent nullement compte de sa qualité nutritionnelle. Vous fonder uniquement sur cet indice pour établir votre régime alimentaire est donc une erreur, non seulement pour votre ligne, mais surtout pour votre santé ! Toutes les calories ne se valent pas : 2 000 calories de fruits, légumes, protéines de qualité et féculents à indice glycémique (IG) faible n'ont pas du tout la même répercussion sur votre silhouette que 2 000 calories de sucres et de féculents à IG élevé !

Mon régime sunny

Et si une alimentation minceur n'était pas fondée sur la restriction calorique mais plutôt sur des choix judicieux? La clé pour être mince est de donner à votre corps tous les nutriments qu'il utilise quotidiennement. Pas plus, et pas d'autres (comme le sucre, par exemple). Pour gagner la silhouette en bikini de vos rêves, cap sur une alimentation sunny et tout simplement équilibrée!

Le rééquilibrage alimentaire, quèsaco?

On en parle dans tous les magazines et sur Internet… Le rééquilibrage alimentaire est tout bonnement une transition aussi douce que possible de vos mauvaises habitudes alimentaires à vos nouveaux réflexes de healthy girl. Le but n'est pas de changer radicalement votre mode alimentaire du jour au lendemain, au risque d'être frustrée et de tout abandonner au bout de quelques jours, mais d'adapter, petit à petit, vos assiettes pour entrer dans votre nouvelle nutrition. C'est plus facile mais, surtout, c'est durable!

Nouveau fooding pour une nouvelle vie!

Il s'agit d'un changement profond, pas d'une astuce choc pour perdre provisoirement quelques kilos. Car plus vite ils sont perdus, plus vite ils sont repris! Il est donc primordial que vous vous sentiez épanouie et convaincue par votre nouvelle alimentation. Pour cela, il est indispensable d'en connaître les fondamentaux et les effets bénéfiques. Ne vous sentiriez-vous pas plus motivée et plus déterminée en agissant par conviction plutôt que par contrainte? Et plus tranquille en sachant que vous prenez soin de votre corps et lui offrez une nourriture saine, bienfaisante et répondant à ses besoins? Cela ne se fera peut-être pas sans quelques doutes ou moments de relâchement, mais vous n'abandonnerez jamais complètement votre nouveau mode alimentaire.

Halte aux idées reçues!

Avant de vous lancer tête baissée dans le rééquilibrage, vous devez comprendre les raisons de votre changement alimentaire. C'est un choix dont vous devez être convaincue pour qu'il fonctionne, vous ne devez pas avoir l'impression de le subir mais d'agir bien. Si vous aviez fait un relooking, reprendriez votre look de Ugly Betty? Vous vous sentirez si bien et si belle grâce à votre nouvelle nutrition que vous ne reviendrez jamais en arrière! Première étape : vous débarrasser des idées reçues qui vous empêchent de vous lancer.

Idée reçue n° 1 : il faut manger moins pour maigrir

Erreur totale! Lorsque vous vous privez, votre corps se met en mode « restriction » et réduit l'énergie dépensée au repos pour préserver ses fonctions vitales (le métabolisme basal – voir

p. 16). En revanche, lorsque vous reprenez une alimentation normale et plus abondante, l'excédent d'énergie n'est pas dépensé par le métabolisme basal et est stocké. Conclusion : vous reprenez quasi systématiquement vos kilos, voire davantage !

Idée reçue n° 2 : le bio, c'est pour les bobos

Les produits biologiques souffrent parfois d'un a priori ; ils sont chers et on ne sait pas bien s'ils ont de sérieuses vertus. Consommer bio n'est pas une mode, les aliments issus de l'agriculture biologique sont la plupart du temps plus riches en nutriments, en saveurs, et ils ne contiennent (presque) pas de composés toxiques. En cuisinant maison et en achetant en vrac, une alimentation biologique ne vous sera pas plus onéreuse. Et si vous ne pouvez pas tout acheter biologique, privilégiez la viande, le poisson et les œufs (dont les qualités nutritionnelles sont bien meilleures), puis les fruits et légumes qui ne s'épluchent pas. Mais je suis certaine qu'avec un petit peu d'organisation, vous parviendrez à manger de plus en plus bio.

Idée reçue n° 3 : je sale peu donc je mange peu salé

Savez-vous que plus des trois quarts du sel que vous ingérez n'est pas celui que vous ajoutez à table ? En réalité, sans même vous en rendre compte, vous avalez du sel en mangeant votre tranche de jambon, votre pizza, vos gâteaux du petit déjeuner, votre fromage ou encore votre si inoffensive soupe de légumes. Le sel étant un exhausteur de goût redoutable, les industriels en abusent. Indispensable à la santé, le sel entraîne une hypertension et peut même faire grossir (en attisant soif et faim), s'il est consommé en trop grande quantité. Alors, vive le *home made*, seul moyen de vraiment contrôler votre consommation de sel !

La quantité de sel recommandée par l'OMS (Organisation mondiale de la santé) est de 5 g par jour, mais les femmes en consomment en moyenne 8 g, et les hommes 10 !

Le goût sucré crée une addiction comparable à celle de la cigarette, c'est prouvé. Effrayant, hein ?

Idée reçue n° 4 : les édulcorants sont mes amis

Vous vous êtes sûrement dit un jour que manger des produits sucrés, sans les calories du sucre, était la solution pour satisfaire votre gourmandise. Le problème ? Certains édulcorants sont fortement soupçonnés de provoquer des maladies ; et bien qu'ils ne contiennent pas de saccharose, ils entretiennent votre addiction au goût sucré...

Idée reçue n° 5 : les produits light sont mes amis

Tout comme les produits à base d'édulcorants, les produits light ont pour but de se faire plaisir, sans prendre un gramme. Mais par quoi est remplacée la graisse ? Par des épaississants et des exhausteurs de goût peu recommandés. Sans compter que nous avons tendance à consommer davantage de ces produits light, sous prétexte qu'ils ne font pas grossir. Quitte à vous faire plaisir, faites-le avec un produit entier. L'essentiel : que cela reste occasionnel.

J'équilibre mon assiette

Finalement, de quoi votre corps a-t-il besoin ? Comment le nourrir suffisamment, sans l'alourdir ni le faire grossir ? Le principe est d'équilibrer vos macronutriments, c'est-à-dire l'apport en glucides, lipides et protéines.

Les glucides, l'énergie du corps

Si l'idée est de réduire au maximum les sucres simples pour privilégier les sucres complexes, encore faut-il savoir faire la différence entre les deux. **Les sucres simples**, représentés par un indice glycémique élevé, sont le glucose ou le saccharose, par exemple. On les retrouve dans le sucre de table, les confiseries, les viennoiseries, mais aussi dans la sauce aigre-douce de votre poulet du midi ou dans votre compote du soir. On les reconnaît à leur saveur douce, sucrée, agréable. Ils sont à limiter autant que possible.

Qu'en est-il des fruits ?
Il n'est pas rare que des diététiciens conseillent d'en limiter la consommation, alors que le mouvement frugivore (régime fondé uniquement sur la consommation de fruits) se développe de plus en plus. C'est vrai, les fruits contiennent du sucre, le fructose. Mais c'est un « bon » sucre, son indice glycémique est de 20 sur une échelle de 100. Les fruits étant de vraies bombes à vitamines et fibres, ne vous en privez plus ! Vous pouvez en consommer quotidiennement, sans toutefois en abuser, bien sûr. Privilégiez les fruits entiers pour conserver l'ensemble des fibres intactes, elles ralentissent la vitesse d'absorption du sucre. Préférez les smoothies aux jus, par exemple.

Les sucres complexes, à indice glycémique faible, doivent en revanche être consommés à chaque repas, car ils constituent la source d'énergie de votre corps. Ils se trouvent dans les céréales et les légumineuses, comme le quinoa, le riz, l'avoine… Privilégiez des céréales complètes (le raffinage faisant monter l'indice glycémique), d'autant plus que leur richesse en fibres ralentit l'absorption des sucres simples. Achetez bio vos céréales complètes pour éviter d'ingurgiter les pesticides que leur enveloppe emmagasine.

Une autre astuce pour réduire encore l'indice glycémique des céréales est de ne pas trop les cuire. Cuisinez-les *al dente* et fuyez les « sachets rapides » dont la précuisson fait augmenter l'IG.

L'indice glycémique, ou IG, mesure le potentiel d'un aliment à faire augmenter la glycémie dans le sang. Le pancréas sécrète alors de l'insuline, une hormone qui permet d'assimiler le sucre et de faire revenir la glycémie à son niveau normal… Et de stocker les graisses en passant. En résumé, manger du sucre = stocker du gras. Aïe.

Les protéines, indispensables au développement musculaire

Les protéines sont les véritables briques de notre corps. Elles sont utiles à la construction musculaire, mais pas seulement ! Elles assurent une multitude de fonctions au sein des cellules et il est donc important d'en consommer suffisamment. Les protéines peuvent être animales (viande, poissons, œufs) ou végétales (céréales et légumineuses, comme le tofu, le seitan, mais aussi les lentilles, le quinoa, les haricots rouges…). Les protéines sont composées d'acides aminés, comme un collier est composé de perles. Certains de ces acides aminés sont dits essentiels car ils ne peuvent pas être fabriqués par le corps humain et doivent être apportés par l'alimentation.

Les lipides, mes meilleurs amis

Le gras semble l'ennemi public à abattre, la cause diabolique de vos kilos, bref, la raison de tous vos problèmes... Savez-vous que les bonnes matières grasses peuvent vous aider indirectement à perdre des kilos ? C'est le cas de toutes les huiles et graines oléagineuses qui contiennent des acides gras essentiels, comme les oméga-3 ou 9. En effet, certaines études ont démontré que les acides gras oméga-3 favorisent la lipolyse, c'est-à-dire la mise à disposition des graisses pour fournir de l'énergie au corps. En bref : les oméga-3 déstockent les graisses de vos petites rondeurs. Mais s'il est indispensable de consommer ces acides gras essentiels, c'est également parce qu'ils sont des constituants de nos membranes cellulaires. Évitez le gras animal, celui-ci n'a rien à vous apporter d'autre que des calories vides et des problèmes de santé. Faites aussi la chasse aux mauvaises graisses cachées, comme les matières grasses végétales hydrogénées de vos biscuits ou les acides gras trans dissimulés dans votre barquette du déjeuner. Eux font bel et bien grossir !

À bannir : les viandes grasses, la charcuterie, le beurre ou la crème, les graisses végétales des biscuits et des plats industriels.

À ajouter dans votre assiette : des huiles vierges pressées à froid comme les huiles d'olive ou de colza, des oléagineux et de l'avocat, des poissons gras.

Idées recettes
Arrosez vos salades d'un généreux filet d'huile d'olive ou de colza, ajoutez des graines de lin à vos céréales du matin, préparez des puddings de chia (en laissant tremper une nuit 1 dose de graines de chia dans 2 doses du lait végétal de votre choix) en dessert ou consommez des noix à vos collations. Les petits poissons tels que les sardines ou les maquereaux sont faciles à insérer dans vos repas durant l'été.

On n'oublie pas les vitamines et minéraux

Si l'équilibre des macronutriments est à la base d'une bonne alimentation, vous ne devez pas pour autant négliger vos micronutriments. Ce sont les vitamines et minéraux, indispensables au bon fonctionnement de nos cellules. Ils n'apportent aucune calorie (ils n'ont pas de valeur énergétique).

Les vitamines. Il en existe 13, réparties en deux groupes : les vitamines hydrosolubles et les vitamines liposolubles. Les premières sont généralement apportées par les fruits et légumes, gorgés d'eau, alors que les secondes proviennent des graisses comme les huiles, les poissons gras. Ces vitamines n'étant pas synthétisées par le corps (à l'exception des vitamines D et K), il faut veiller à les apporter par le biais d'une alimentation généreuse en végétaux variés.

Les minéraux sont, quant à eux, fournis à l'organisme par différents végétaux et produits d'origine animale. Ils sont 22 au total, répartis entre les minéraux majeurs et les oligoéléments. Les premiers, dont les apports doivent être supérieurs aux seconds, sont principalement le calcium, le magnésium, le sodium... Les oligoéléments sont représentés par le fer, le zinc ou encore le fluor.

Comment les obtenir ? Si les carences sont plutôt rares, l'apport reste souvent insuffisant. Ainsi, pour satisfaire tous vos besoins, été comme hiver, mangez plusieurs fruits et légumes différents chaque jour et consommez suffisamment de bonnes graisses. C'est particulièrement facile durant la saison estivale, avec des crudités, des salades composées arrosées d'huile d'olive et du poisson.

Les 5 règles de la healthy food

Comment faire concrètement ? Comment faire vos courses ? Pas de panique, ne vous sentez pas perdue. La clé : revenir à l'essentiel et au naturel. Pour autant, vous n'allez pas mettre que des salades dans votre panier, loin de là ! Se faire plaisir tout en consommant des aliments sains pour votre corps est facile, surtout en été !

Regle n° 1 : j'achète frais et au naturel

La règle d'or, lorsque vous faites vos courses, est de privilégier les produits biologiques et les aliments peu transformés. Pourquoi choisir la difficulté quand il existe des plats tout prêts ? Parce que plus un aliment est « industrialisé », plus il perd en nutriments et gagne en molécules chimiques au cours de sa transformation. Les produits industriels doivent avant tout être rentables, pratiques et savoureux, peu importe l'impact sur votre santé. Évitez-les au maximum et privilégiez les aliments frais.

Regle n° 2 : je fais le plein de légumes

La *raw food*, alimentation végétale et crue est très tendance. Son atout : une haute vitalité grâce aux qualités nutritionnelles exceptionnelles des légumes et feuilles vertes (que la cuisson détruit). Si je ne suis pas adepte du 100 % cru, je suis convaincue des bienfaits d'une alimentation riche en végétaux, source importante de fibres, vitamines et minéraux essentiels tout en restant peu calorique. Consommer suffisamment de légumes quotidiennement est facile, surtout en été ! Choisissez des fruits de saison pour bénéficier de tous leurs nutriments.

Idées recettes
Consommez des légumes facilement sous forme de salade de pousses d'épinards, de légumes vapeur, d'aïoli, de dips de légumes (carottes, concombre en bâtonnets et fleurettes de chou-fleur crus) à tremper dans une petite sauce maison, ou en légumes sautés au wok avec un peu de sauce soja.

Regle n° 3 : je mise sur les céréales et les légumineuses

Comme nous l'avons vu, les céréales et les légumineuses sont essentielles pour vous apporter protéines et glucides complexes, tant que leur indice glycémique reste bas. Mon top : le quinoa, le riz complet, les pâtes complètes, les lentilles, les haricots rouges, les pois chiches, le pain complet…

Regle n° 4 : j'ajoute des oléagineux

N'oubliez pas les oléagineux ! Ils sont peu consommés mais tout aussi importants. Quelques amandes effilées dans vos céréales le matin ou quelques noix de cajou concassées dans votre plat asiatique vous apporteront les minéraux et acides gras qui font souvent défaut dans notre alimentation. Mon top : les noix du brésil, les noix de cajou, les amandes, les noisettes…

Règle n° 5 : je varie mon alimentation et je reste raisonnable

De manière générale, en nutrition, il est toujours bon d'user sans abuser. Il est important de varier son alimentation et de consommer de tout en quantité raisonnable. Cela vaut pour absolument tout : viande, céréales, fruits... Néanmoins, certains aliments sont plus nocifs que bénéfiques pour notre corps et il convient donc d'en réserver la consommation à des occasions particulières, comme le dîner en amoureux du samedi soir ou le cheat meal (le repas « bêtises ») avec votre fit copine :

- Les viandes grasses (riches en acides gras saturés).
- Les produits sucrés (dont on sait qu'ils stimulent notre production d'insuline et participent directement à la prise de tissu gras).
- Les fameux produits industriels dont nous avons parlé. Préférez en cette période estivale les poissons gras, riches en oméga-3.

Toutes les recettes données sont pour 1 personne, sauf mention contraire.

Mon petit déjeuner idéal

Même si on pense que le petit déjeuner n'est pas vraiment un repas, il doit être composé comme les repas principaux, c'est-à-dire qu'il doit être équilibré (autant de glucides que de lipides ou de protéines). Néanmoins, vous pouvez consommer un peu plus de fruits (glucides), pour vous donner l'énergie de la journée.

Des fruits ou 1 smoothie

pour les glucides rapides (dilué avec de l'eau de coco ou contenant une bonne part de légumes pour diminuer la part de fruits et l'IG).

1 œuf dur ou un mélange de noix,

de graines ou d'amandes pour les lipides et les protéines. Vous pouvez les ajouter à votre müesli en topping.

1 thé

pour s'hydrater

Du müesli ou du granola ou des flocons d'avoine

pour les glucides. Le müesli, c'est la star des petits déjeuners. Riche en glucides complexes à assimilation lente, grâce aux flocons d'avoine complets, c'est également une source de protéines et de bons lipides avec les oléagineux, tout en restant pauvre en sucres. Très nutritif, il vous permettra de ne pas craquer dans la matinée sur une barre chocolatée et vous apportera plein de bons nutriments indispensables à votre forme. Achetez-le de préférence dans votre magasin bio, sans sucres ajoutés, et consommez-le avec un lait végétal également sans sucre, comme le lait de soja ou d'amande.

Mon déjeuner ou dîner idéal

Votre assiette doit équilibrer les trois macronutriments, avec environ un tiers de sources de protéines, un tiers de sources de glucides à IG bas et un tiers de sources de fibres, comme les légumes. Si vous êtes végétarienne ou végétalienne, la source de protéines et de glucides peut être confondue, comme avec les pois chiches, par exemple.

1/3 DE CÉRÉALES À IG BAS ou de légumineuses. Plutôt que le soir, le midi est le moment privilégié où vous pouvez augmenter votre portion de glucides complexes (à IG bas), afin de vous donner l'énergie suffisante pour tenir toute la journée sans avoir faim. Ne faites pas l'impasse dessus ! Le soir, vous pouvez en consommer aussi. Contrairement à l'idée reçue, manger des glucides le soir ne fait pas grossir si ce sont des glucides à IG bas et si vous mangez en majorité des légumes.

1/3 DE LÉGUMES De manière générale, préférez les cuissons rapides, comme au wok, afin de conserver toutes les vitamines, rapidement dégradées à la cuisson. Il est également important de varier les types de légumes que vous consommez, afin de bénéficier des différents vitamines et minéraux.

1/3 DE PROTÉINE MAIGRE ou de protéine végétale.

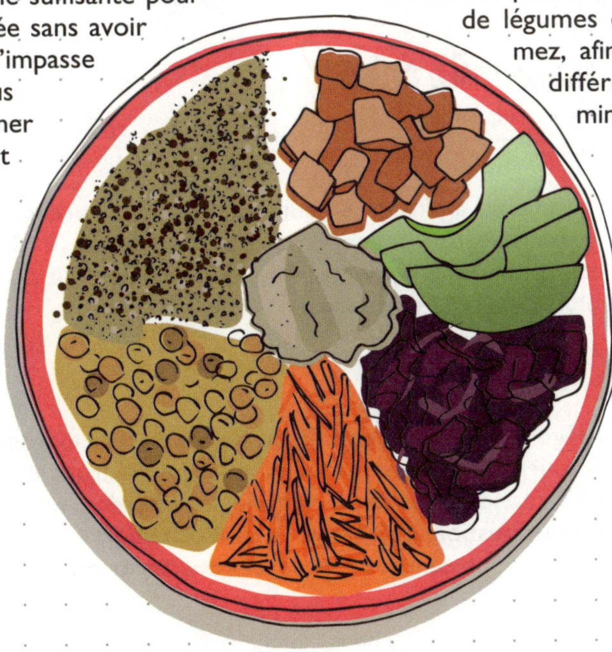

Haro sur le grignotage !

Beaucoup de personnes aiment les repas-grignotage, c'est-à-dire des repas composés de plein de petites choses accumulées, comme des rillettes en entrée, un reste de quiche ensuite, du fromage car elles ont encore faim et un dessert pour la touche sucrée. L'inconvénient avec cette habitude, c'est que vous ne vous rendez pas bien compte de ce que vous mangez. En grignotant, on avale beaucoup plus de nourriture que si l'on s'était servi une assiette. De plus, ce type de repas est souvent peu équilibré. Prenez donc l'habitude de vous cuisiner de bons petits plats équilibrés, meilleurs pour votre ligne.

Mes collations idéales

Comme tous vos repas, votre collation doit être équilibrée, avec, à parts égales, des protéines, des glucides et des lipides. Des pancakes protéinés sont la collation idéale. Néanmoins, si vous êtes dans le rush, vous pouvez également opter pour quelque chose de plus rapide et léger avant de partir à la salle. Par exemple, des pancakes protéinés ou un granola ou un mélange de noix et amandes pour les protéines et les lipides + un smoothie pour les glucides, les vitamines et les fibres.

Et si je m'entraîne juste avant le repas ? Et si je m'entraîne juste après ?

Si le training a lieu avant le repas...

Si votre dernier repas remonte à plus de 3 heures, vous pouvez prendre une petite collation « coup de boost » : 1 poignée d'amandes + 1 portion de fruits (2 clémentines, 1 orange, 2 abricots, 1 compote) pour vous apporter de bons glucides, de bonnes graisses et des protéines sans trop alourdir votre digestion.

Si le training a lieu après le repas...

Votre repas doit être léger et vous hydrater en même temps. Par exemple : 1 soupe + 1 poignée d'amandes + 1 yaourt + 1 portion de fruits, ou 1 jus de fruits et légumes + 1 tranche de pain complet avec 1 c. à c. de purée d'oléagineux (amandes, noix de cajou, noisettes). L'entraînement ralentit la digestion, donc si vous faites du sport juste après un repas long à digérer ou trop gras, vous vous sentirez lourde et vous serez moins efficace.

Mois 1

Objectif

tonifier le body !

C'est le top départ! Attendez-vous à avoir des courbatures ce mois-ci, vous allez remettre votre corps en marche. Mais même si se (re)mettre au sport va vous demander quelques efforts et vous causer un peu de douleur, cela en vaut la peine, car à la fin du mois, vous aurez déjà de premiers résultats! L'objectif de cette phase : vous tonifier, grâce à un programme spécial renfo!

À fond dans le renfo!

Le renfo, c'est quoi?

Le renforcement musculaire est un type d'entraînement qui fait travailler les muscles (un ou plusieurs groupes musculaires à la fois). En résumé, ce sont les exercices qui musclent. En contractant vos muscles volontairement avec des exercices précis, vous activerez leur croissance. Car pour supporter l'entraînement, le muscle est contraint à se renforcer en augmentant notamment le nombre de fibres à l'intérieur du muscle, sa densité. Vos muscles prendront alors en galbe, ce qui donne ce côté peau tonique et body dessiné!

Vais-je ressembler à une Schwarzette?
Pas d'inquiétude! Les femmes ne peuvent naturellement pas développer autant leur masse musculaire que les hommes. C'est biologiquement impossible, car elles produisent en moyenne dix fois moins de testostérone (hormone impliquée dans le développement musculaire) que les hommes. Même en vous entraînant plusieurs fois par semaine, vous ne risquez rien. En revanche, vous gagnerez un corps plus galbé, plus tonique et plus athlétique.

Comment faire du renfo?

Avec du fitness, par exemple! Ce sport met en œuvre des exercices de renforcement musculaire, avec ou sans poids (au poids du corps) pour augmenter la difficulté. Les autres façons de booster l'efficacité des exercices est de jouer sur le nombre de répétitions, la durée de la récupération, ou encore sur le nombre de muscles mobilisés par exercice. En effet, sur un exercice, on peut cibler un seul muscle (exercice isolé sur le triceps, par exemple, le muscle de l'arrière du bras) ou plusieurs groupes musculaires (exercice polyarticulaire sur les cuisses/fessiers, par exemple). Les exercices polyarticulaires sont des exercices métaboliques parce qu'en mobilisant plus de muscles, on dépense plus d'énergie qu'avec un exercice ciblé. Good point pour votre programme bikini!

Je me muscle pour augmenter mon métabolisme

Vous muscler augmente votre métabolisme basal. En clair : même au repos, votre corps dépense davantage d'énergie (de calories) qu'auparavant, le muscle consommant pour son entretien bien plus d'énergie que la graisse. Avec le fitness, vous augmentez votre métabolisme basal pendant l'entraînement de 20 à 40% en moyenne, et au repos, de près de 20%! En somme, en pratiquant une activité physique régulièrement, vous allez pouvoir mincir sans faire de régime… Et même sans rien faire du tout. Qui dit mieux?

Mon plan d'action training

Ce premier mois vous permettra de vous remettre en forme physiquement, de bien vous habituer aux exercices et de vous tonifier. Tous les lundis, vous travaillerez le bas du corps (cuisses, fessiers) + les abdominaux, tous les mercredis le haut du corps (épaules, bras, dos, poitrine) + les abdos, et tous les vendredis le corps en entier + encore les abdos, pour bien intégrer le travail. Et plus vous sollicitez de muscles durant un training, plus vous brûlez de calories. C'est top pour la silhouette !

Et les autres jours ?

Vous récupérerez activement avec de petits exercices d'étirement et le dimanche sera consacré à une sortie bonus pour activer la perte de poids grâce à du travail en endurance.

Focus ventre plat !

À chaque séance, vous aurez 3 exercices d'abdos à exécuter. La majorité des exercices qui ciblent les abdominaux dans le programme permettent un travail en profondeur. Les autres un travail plus superficiel. Il faut tous les travailler mais privilégier les exercices qui activent le transverse (muscle profond des abdos), car il agit comme une gaine. L'effet ventre plat, c'est lui ! La couche la plus superficielle, elle, fait des abdos dessinés (les fameuses plaques de chocolat ou six pack).
Un jour par semaine, vous pratiquerez l'exo champion du ventre plat : le stomach vacuum. Cet exercice cible exclusivement le transverse et consiste à rentrer le ventre. Cette pression sur les organes internes, dont le système digestif, améliore le transit intestinal et affine la taille, tout en allongeant le transverse.

Comment ça marche ?

Vous allez reproduire les exercices sur un certain nombre de répétitions. Le nombre de tours à effectuer est à déterminer à partir de votre niveau (voir p. 8).

Profil 1 : si vous êtes une bikini girl débutante...

Vous avez peu ou jamais fait de sport, vous n'avez pas encore bien conscience de votre corps, des sensations que vous pouvez ressentir durant une séance.

Les difficultés que vous pourriez rencontrer... Votre condition physique est à améliorer. Les séances vont vous paraître un peu dures au départ, mais c'est normal ! Plus vous avancerez et plus votre condition physique s'améliorera ! Surtout, ne vous mettez pas la pression si vous n'arrivez pas au bout du nombre total de répétitions ou du timing sur certains exercices.

Comment faire les exercices combinés ?
Sur ce premier mois, les exercices combinés, par exemple fente arrière alternée + genou, s'effectuent sans enchaînement. Entre les deux exercices, vous revenez à la position initiale. Par exemple, vous faites votre fente avec le pied droit, vous remontez, puis vous faites une montée du genou droit. Et recommencez à gauche.

Les conseils perso

N'hésitez pas, plutôt que vous arrêter, à utiliser des options pour aller jusqu'au bout de l'exécution :

- pour les pompes et le gainage, terminez sur les genoux, par exemple;
- baissez le poids de vos charges (haltères) ou n'en utilisez pas du tout;
- si besoin, prenez plus de récupération.

Le principal est de rester motivée pour aller jusqu'au bout : en pratiquant, ça va devenir facile!

Le plan training

Effectuez 2 à 3 tours du circuit du jour.

Profil 2 : si vous êtes une bikini girl intermédiaire

Vous êtes déjà sportive. Même si vous ne vous entraînez pas de manière régulière, vous avez conscience de votre condition physique, des postures à adopter sur les exercices... Mais vous avez encore du potentiel à explorer!

Les difficultés que vous pourriez rencontrer... Les premières séances pour vous seront comme un défi! Vous arriverez au bout à condition de ne pas relâcher le mental!

Les conseils perso

Lorsque vous sentirez que votre corps est plus à l'aise durant les séances, n'hésitez pas à booster l'intensité de vos trainings en augmentant les charges, par exemple. Intensifiez le gainage en pratiquant les planches et les pompes jambes tendues, quitte à plier les bras à moitié.

Le plan training

Effectuez 3 à 4 tours du circuit du jour.

Profil 3 : si vous êtes une bikini girl confirmée

Vous êtes déjà une fit-girl et avez déjà une condition physique top! Transpirer et vous dépasser, ça vous parle.

Les difficultés que vous pourriez rencontrer... Un bon mental ne sera pas suffisant, il vous faudra un mental d'acier pour supporter la difficulté des trainings!

Les conseils perso

Puisque vous maîtrisez votre gainage et vos postures, travaillez avec les bonnes charges, challengez-vous! Le but : pouvoir terminer vos répétitions et tenir vos timings, mais tout juste. Il faut que les dernières répétitions et la fin de vos timings soient difficiles à tenir, que vous les surmontiez grâce à votre mental. Mettez-vous dans le rouge!

Le plan training

Effectuez 4 à 5 tours du circuit du jour.

Certains exercices requièrent des haltères (1,5 kg à 2 kg selon votre niveau). Si vous n'en avez pas, utilisez des bouteilles d'eau.

Mes exos

BICEPS PRISE MARTEAU

DONKEY KICKS

DIPS SUR CHAISE

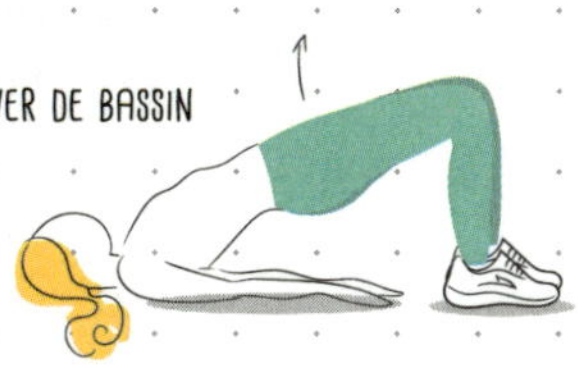

LEVER DE BASSIN

ÉLÉVATIONS LATÉRALES, AVANT ET ARRIÈRE

DÉVELOPPÉ MILITAIRE

FENTES CROISÉES

FENTES AVANT

GAINAGE CISEAUX

PLANCHE LATÉRALE

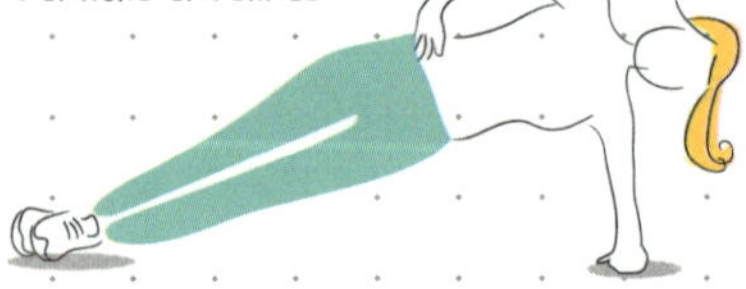

ROTATION D'ÉPAULES

GAINAGE PLANCHE

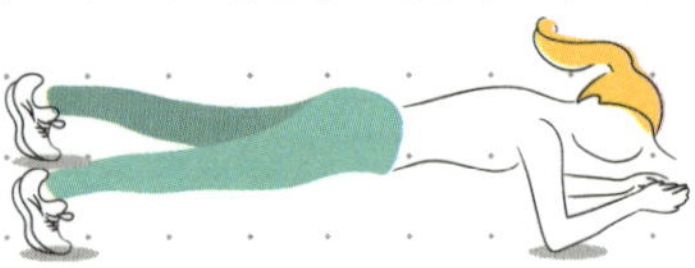

MOUNTAIN CLIMBERS

MONTÉE DE GENOU

MOUNTAIN CLIMBER CROISÉ

OISEAU

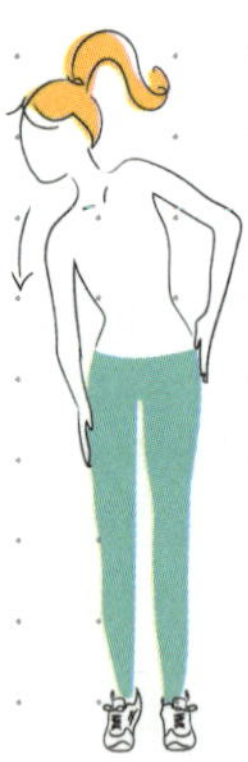

INCLINAISON BUSTE

KICK

FENTES ARRIÈRES

POMPES

SUPERMAN

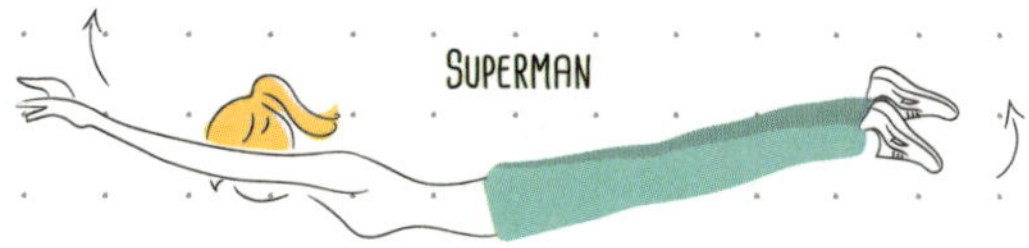

POMPES COMMANDO

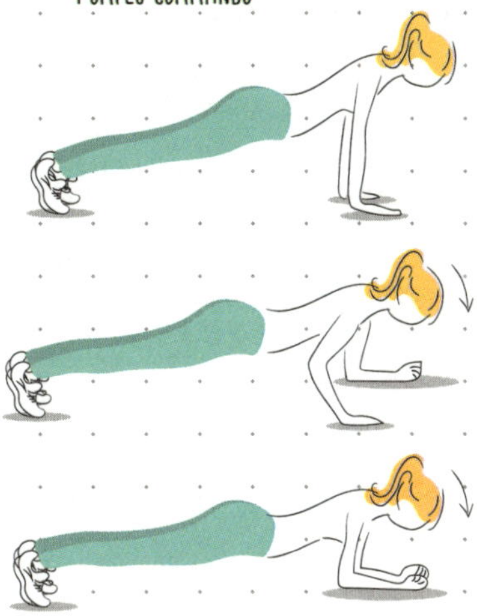

RELEVÉS DE JAMBES SUR LE DOS

ROTATIONS DE POIGNETS

SQUATS

ROTATION BUSTE

SPIDER PLANK

SUMO SQUATS

Plan d'action food : je mise sur les protéines !

Quand on se met à travailler ses muscles, on leur donne les nutriments nécessaires pour qu'ils se développent. C'est pourquoi ce mois-ci vous serez attentive aux protéines, les constituants des cellules, notamment celles des muscles. Que ce soit des protéines animales ou végétales, elles jouent un rôle important dans votre récupération et la croissance musculaire. Les trainings intensifs et réguliers de ce premier mois vont, à chaque fois, créer des microlésions sur vos fibres musculaires. Les protéines permettront de les réparer et de les renforcer pour des muscles tout neufs et un peu plus forts à chaque training !

L'objectif : manger de bonnes protéines !

Contrairement à de nombreuses croyances, les protéines végétales ne sont aucunement de moins bonne qualité que les protéines animales, bien au contraire. Les protéines animales contenues dans la viande ont le défaut d'être accompagnées de mauvaises graisses saturées qui, prises en excès (ce qui est la plupart du temps notre cas), favorisent la prise de poids, les risques cardio-vasculaires et la formation de caillots. En revanche, les protéines végétales sont riches en fibres sans aucune graisse saturée. Alors, si vous ne pouvez pas vous passer de viande, prenez au moins l'habitude de remplacer lors d'un repas sur deux votre protéine animale par son homologue végétale.

Comment faire ?

Les aliments ne sont pas constitués à 100 % d'un nutriment. Par exemple, 1 g d'œuf n'est pas égal à 1 g de protéines. Pour connaître la composition en macronutriments de vos aliments, rendez-vous sur : https://www.lanutrition.fr/les-aliments-a-la-loupe.

Assurez-vous, à chacun de vos repas, d'avoir une protéine qui contient tous les acides aminés essentiels (œufs, produits laitiers, tofu) ou combinez les céréales et les légumineuses pour bénéficier de tous ces acides aminés essentiels (riz-lentilles ou riz-haricots rouges ou blé-pois chiches...). Attention à ne pas dépasser 1 g de protéines max par kilo de poids de corps et par jour, sinon les reins se fatiguent. Et de toute façon les protéines en trop ne sont pas assimilées par l'organisme.

Mon plan

En plus des conseils food et des recettes donnés chaque jour pour bien gérer vos protéines, placez dans votre tracker (p. 44) de bonnes résolutions personnalisées, établies selon votre bilan nutrition (p. 9).

Si vous mangez trop (gourmande)

- Une fois l'assiette pleine, sortez le reste de votre repas sur la table pour prendre conscience de ce que vous allez manger (portion de pain, yaourt et fruit) et tenez-vous uniquement à ça.
- Commencez votre repas par des crudités ou une petite salade : effet coupe-faim assuré en plus de faire le plein de fibres et de vitamines !
- Mangez lentement, prenez le temps de savourer chaque bouchée afin de ressentir (plus rapidement) la satiété.
- Buvez un verre d'eau avant chaque repas, cela prendra déjà un peu de place dans l'estomac et vous hydratera en prime.

Si vous ne mangez pas assez (régimeuse)

- Privilégiez les protéines végétales (céréales et légumineuses), elles vous assureront de garder la ligne et même de bien vous affûter, tout en subvenant aux besoins de votre corps.
- Augmentez votre portion de légumes et variez les plaisirs. Peu caloriques, les légumes sont d'excellentes sources de fibres et de vitamines pour garder la forme et la ligne.

- Ne créez pas de frustration. Mangez à tous les repas sans vous affamer, ne vous privez pas de dessert! Pour une touche légère et sucrée, mangez un fruit à la fin du repas, par exemple.

Si vous n'avez pas une alimentation équilibrée

- Si vous avez du mal à passer à une alimentation 100% healthy, dans un premier temps, mangez de tout MAIS avec modération. Ne dépassez pas votre besoin calorique quotidien.
- Une fois que vous avez adopté une alimentation équilibrée, mangez à heures fixes : l'organisme a ses repères, plus vous respecterez ses habitudes, moins il stockera de graisse.
- Privilégiez les protéines qui font peu grossir (légumineuses, céréales complètes, viandes blanches...).

Plan d'action feel good : je booste les effets du training

Avant de préparer votre chapeau et votre paréo pour la playa, le plus urgent est de booster les effets de votre training et de vous faciliter la reprise le plus possible. C'est pourquoi on vous a préparé un maximum de tips feel good!

Je me chouchoute après la séance

Ce mois-ci, ça va piquer! Good news : vous serez récompensée (et surtout soignée) tout de suite après avec des gestes cocooning pour vous délasser, des bains, des massages... Vous aurez bien mérité de vous faire du bien.

Je récupère un max

Pour progresser et se créer un bikini body, la récupération est essentielle, car c'est elle qui permet à vos muscles de se construire. La récupération, c'est à la fois du repos et une bonne hygiène de vie. C'est pendant les jours off et le sommeil que les muscles se réparent, avec une alimentation équilibrée et une bonne hydratation. Ce cahier vous donne plein de techniques pour chouchouter vos muscles, vous étirer (stretch, yoga), vous automasser pour détendre vos muscles, relâcher les tensions... Plus les muscles sont reposés, réparés, détendus, bien alimentés, plus vous serez efficace lors de vos trainings. Vous aurez plus de force, tiendrez plus longtemps (bien reposés, vos muscles seront plus endurants et plus forts) tout en évitant de vous blesser (plus un muscle est tendu et fatigué, plus les risques de blessures augmentent). Bref, tout pour être au top!

Je booste mes performances

Pour vous aider à vivre au mieux les séances, vous aurez aussi plein de plantes boostantes, de techniques énergisantes, de bons réflexes à appliquer. Vous serez au top!

Mon tracker body renfo

Le meilleur moyen de tenir ses objectifs est de faire son suivi. Chaque jour, coloriez la case si vous avez bien suivi votre programme de training, si vous avez terminé votre séance et si vous avez rempli vos objectifs food perso déterminés dans votre plan d'action p. 41. Ainsi, vous visualisez d'un coup d'œil votre réussite et votre progression tout au long du mois. Ça motive quand on voit tous les trackers coloriés, et ça fait une petite piqûre de rappel quand peu de trackers sont coloriés !

	1	2	3	4	5	6	7	8	9	10	11	12

Objectif atteint !

Objectif presque atteint

Objectif non atteint

13	14	15	16	17	18	19	20	21	22	23	24	25	26	27	28	29	30	31

Semaine 1

Mon agenda

On l'a vu, le secret pour ne jamais zapper vos séances, c'est de rester organisée en identifiant le moment propice pour votre training… Côté nutrition, un planning est tout aussi utile pour tenir vos objectifs silhouette. Vous pouvez y prévoir vos menus (afin d'éviter la tentation des pâtes), faire vos courses en fonction (et ainsi échapper aux gourmandises et aux plats préparés) et anticiper la préparation des repas, pour éviter de vous mettre aux fourneaux le soir quand vous êtes épuisée. Bref, tout pour cuisiner sain, maison, équilibré, et minceur !

Notez :

– Le meilleur moment de la journée pour votre training, votre séance de stretching… Si les jours imposés ne vous conviennent pas, switchez, mais n'oubliez pas de laisser un jour de repos entre les trainings travaillant les mêmes muscles.
– Vos menus.
– Les invitations (qui constitueront votre cheat meal de la semaine).
– Vos rendez-vous et obligations, tout ce qui peut bouleverser votre planning d'entraînement. Essayez d'éloigner vos séances de ces événements qui ont une fâcheuse tendance à déborder !
– Vos séances cocooning & beauty before beach !

LUNDI

……………………………………
……………………………………
……………………………………

Menus

Courses

☐ ………………
☐ ………………
☐ ………………
☐ ………………

MARDI

……………………………………
……………………………………
……………………………………

Menus

Courses

☐ ………………
☐ ………………
☐ ………………
☐ ………………

MERCREDI

Menus

Courses

☐ ………………
☐ ………………
☐ ………………
☐ ………………

……………………………………
……………………………………
……………………………………

JEUDI

Menus

Courses

☐ ………………
☐ ………………
☐ ………………
☐ ………………

……………………………………
……………………………………
……………………………………

VENDREDI

Menus

Courses

- ☐
- ☐
- ☐
- ☐

SAMEDI

Menus

Courses

- ☐
- ☐
- ☐
- ☐

DIMANCHE

Menus

Courses

- ☐
- ☐
- ☐
- ☐

NOTES

Mon meal prep

Une fois que vous avez imaginé vos menus, anticipez la préparation de vos plats. Cela vous évitera de vous rabattre sur la pizza quand vous êtes trop fatiguée pour cuisiner le soir, car toutes les préparations seront déjà faites, vous n'aurez plus qu'à réchauffer, accommoder ou, au pire, à faire cuire. Prévoyez :

– Quand vous allez préparer votre dîner de chaque jour.

– Quand vous allez laver, éplucher, découper vos légumes en amont, cuire vos céréales et légumineuses.

....	Je prépare pour .... (plat)	☐ ...... ☐ ...... ☐ ......
....	Je prépare pour .... (plat)	☐ ...... ☐ ...... ☐ ......

LUNDI

TRAINING

Circuit bas du corps + abs

Renforcement musculaire

- 20 squats
- 20 fentes arrrières alternées
- 20 levés de bassin

Abdominaux

- 30 s de planche latérale + 30 s de gainage ciseaux
- 20 relevés de jambes
- 30 s de gainage

1 à 2 min de récup' entre chaque tour (selon votre niveau p. 8), plus si besoin.

FEEL GOOD

Qi gong énergie

Pour commencer votre nouveau programme pleine d'énergie, testez la posture de l'arbre : debout, jambes écartées et parallèles, fermez les yeux et visualisez une forêt devant vous. Levez les bras parallèles au sol. Poussez l'air devant vous avec les mains, étirez la nuque, poussez sur les jambes tendues pour vous étirer. Vous êtes au top, prête à tout déchirer !

MOTIVATION

Je suis au top de la motivation !

Premier jour, l'excitation est au max ! Vous allez mesurer la difficulté, mais vous n'échouerez pas, grâce à votre mental. Alors, quand vous commencez à sentir les cuisses qui brûlent, accrochez-vous et ne lâchez rien. Notez : vous en êtes capable aujourd'hui, vous le serez aussi demain et jusqu'à la fin du programme ! *Keep it up !*

FOOD

Je commence bien : je m'organise !

Si vous êtes surbookée, préparez vos repas à l'avance. Le week-end, cuisinez 2 ou 3 plats équilibrés copieux, et gardez quelques portions pour la semaine, le soir ou au bureau. Cela vous permettra de vous faire plaisir et de manger des plats healthy sans passer votre temps en cuisine.

MES TRACKERS

Repas équilibré

Portions raisonnables

Motivation

NOTES

•

•

•

•

•

•

•

MON JOURNAL DE TRAINING

Comment j'ai réussi ma séance ? (ressenti musculaire, difficultés…)

Évaluez votre réussite en coloriant le thermomètre.

10 9 8 7 6 5 4 3 2 1

MARDI

FOOD

Müesli protéiné

La star des petits déjeuners ! Riche en glucides complexes à assimilation lente, grâce aux flocons d'avoine complets, il donne de l'énergie à longue durée. C'est une source de protéines, utiles pour développer vos muscles, et de bons lipides avec les oléagineux, tout en restant pauvre en sucre.

FEEL GOOD

Les courbatures

Si vous vous entraînez de manière plus intense ou faites un effort inhabituel, vous aurez des courbatures. C'est une réaction inflammatoire normale du corps. 12 à 48 h après l'effort, vous ressentez des raideurs et douleurs musculaires dues aux microtraumatismes musculaires. L'hydratation et l'étirement les apaiseront.

TRAINING

Stomach vacuum

C'est l'exo ventre plat ! Il renforce votre transverse (muscle profond des abdos) pour gainer le ventre. Allongée sur le dos, jambes fléchies, inspirez au maximum en gonflant le ventre, puis expirez lentement en plaquant les lombaires au sol, en aspirant fortement le nombril vers la colonne et en rentrant au max le ventre. Restez ainsi, en respirant par les côtes, 5 min. Faites 5 reps.

MOTIVATION

Je suis fière de mes débuts ! Le 2e jour (ou parfois le 3e) arrivent les courbatures. C'est le signe que vous avez bien bossé ! Soyez-en fière ! Tirez-en une source de motivation pour le lendemain. Faites même une liste des zones douloureuses : vous découvrez des muscles que vous ne connaissiez pas avant ? *Good job !*

NOTES

-
-
-
-
-
-
-

MES TRACKERS

Repas équilibré	☐☐☐☐☐☐☐☐ ☺
Portions raisonnables	☐☐☐☐☐☐☐☐ ☺
Motivation	☐☐☐☐☐☐☐☐ ☺

MON JOURNAL DE TRAINING

Comment j'ai réussi ma séance ? (ressenti musculaire, difficultés…)

Évaluez votre réussite en coloriant le thermomètre.

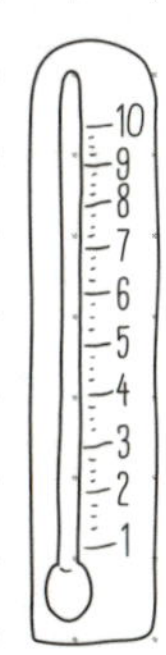

MERCREDI

TRAINING

Circuit haut du corps + abs

Renforcement musculaire

- 20 oiseau
- 30 rotations d'épaules en avant, 30 en arrière
- 20 superman

Abdominaux

- 25 relevés de jambes
- 40 s de gainage
- 40 s de planche latérale de chaque côté

1 à 2 min de récup' entre chaque tour (selon votre niveau p. 8), plus si besoin.

MOTIVATION

J'ai mal…

Normal ! Travailler sur des courbatures est douloureux, et vos muscles sont moins forts. Dur alors de tenir la séance jusqu'à la fin ! Mais si vous vous échauffez bien, ces douleurs diminueront ou disparaîtront durant le training. Hydratez-vous bien avant, pendant et après vos séances. Tenez bon.

FOOD

Les graines de chia

De petites graines très riches en protéines, parfaites pour construire vos nouveaux muscles ! Mettez-en dans votre bouteille d'entraînement mélangées à de l'eau citronnée ou de l'eau de coco dans laquelle vous les aurez laissées gonfler plusieurs heures. Ou mangez-les telles quelles dans un yaourt, une salade, un smoothie, votre müesli du matin…

FEEL GOOD

Massage antidouleurs aux huiles essentielles

Versez quelques gouttes d'HE de gaulthérie couchée dans de l'huile d'amande douce. Calmante et anti-inflammatoire, elle agit sur le système nerveux et diminue l'excitabilité et le stress musculaire et nerveux, tous deux facteurs de tensions musculaires. Appliquez sur les parties douloureuses en massant fortement le muscle.

MES TRACKERS

Repas équilibré	☐☐☐☐☐☐☐☐	☺
Portions raisonnables	☐☐☐☐☐☐☐☐	☺
Motivation	☐☐☐☐☐☐☐☐	☺

NOTES

- ……………………………………
- ……………………………………
- ……………………………………
- ……………………………………
- ……………………………………
- ……………………………………
- ……………………………………

MON JOURNAL DE TRAINING

Comment j'ai réussi ma séance ? (ressenti musculaire, difficultés…)

……………………………………………………

……………………………………………………

……………………………………………………

……………………………………………………

……………………………………………………

Évaluez votre réussite en coloriant le thermomètre.

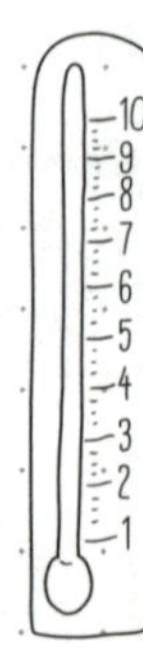

JEUDI

MOTIVATION

Oups, j'ai des douleurs musculaires…

Quand on débute, un mauvais mouvement peut créer des tensions musculaires : des trigger points.
À ne pas confondre avec les courbatures, ce sont des nœuds nichés au sein des fibres musculaires. Vous pouvez les identifier en cherchant avec les doigts le point douloureux. Pour les faire disparaître, pressez fort tout en massant.

FEEL GOOD

Mon petit massage anti-courbature sous la douche

Encore des courbatures ? C'est normal. Pour les soulager, profitez de la douche post-training : l'eau bien chaude soulage la douleur en détendant les muscles. Effectuez un léger massage sur les zones courbaturées, du bas vers le haut, pour favoriser la circulation sanguine, l'élimination des déchets et ainsi la récupération.

TRAINING

Challenge walk training

Pour atteindre votre bikini goal, profitez de toutes les opportunités. On ne se repose pas, mais on se bouge plus en douceur et on brûle du gras ! Aujourd'hui, faites 30 min de marche active, histoire de faire monter un peu la fréquence cardiaque.

FOOD

Les légumineuses

Lentilles, pois chiches, haricots (blancs, noirs, rouges), fèves, pois cassés ou petits pois sont des graines contenues dans des gousses. Elles sont riches en protéines et glucides complexes ; en amidon, le glucide des végétaux (comme des féculents) ; en vitamines et minéraux (un plein d'énergie pour le training) et en fibres (elles optimisent le transit intestinal, pour un ventre plat !).

NOTES

-
-
-
-
-
-
-

MES TRACKERS

Repas équilibré									☺
Portions raisonnables									☺
Motivation									☺

MON JOURNAL DE TRAINING

Comment j'ai réussi ma séance ? (ressenti musculaire, difficultés…)

Évaluez votre réussite en coloriant le thermomètre.

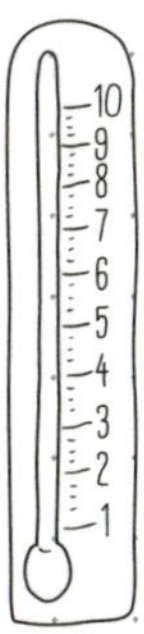

VENDREDI

TRAINING

Circuit full body + abs

Renforcement musculaire

- 20 squats petite amplitude
- 30 fentes arrière alternées + montée de genou
- 20 superman + tirage bras (en superman, pliez les bras et tirez les mains au niveau des oreilles, bras parallèles au sol)

Abdominaux

- 50 s de gainage
- 40 s de planche latérale de chaque côté
- 30 relevés de jambes

1 à 2 min de récup' entre chaque tour (selon votre niveau p. 8), plus si besoin.

FOOD

Pancakes express protéinés

Mixez 1 banane, 2 œufs et 1 c. à c. de cacao en poudre en une pâte lisse et homogène, puis ajoutez 1 c. à s. de noix de coco râpée. Déposez un petit cercle de pâte dans la poêle et faites dorer les pancakes sur chaque face dans un peu d'huile de coco. Servez-les chauds, parsemés de fruits rouges.

FEEL GOOD

Favoriser la circulation

La récupération musculaire passe aussi par une bonne circulation sanguine, pour éliminer les déchets et toxines créés par l'effort. Lorsque tout fonctionne bien, le retour du sang vers le cœur s'effectue grâce à la compression des vaisseaux de la voûte plantaire qui propulse le sang vers le haut du corps.

MOTIVATION

Dur de tenir !

Vous sentez déjà vos muscles brûler après 5 reps ? Ne pensez pas au nombre de répétitions qu'il vous reste ! Pas très positif de subir son training… Vous risquez d'arrêter avant la fin du circuit. C'est la dernière séance de la semaine, alors ne lâchez rien, challengez-vous pour terminer en beauté !

MES TRACKERS

Repas équilibré	☐☐☐☐☐☐☐☐ ☺
Portions raisonnables	☐☐☐☐☐☐☐☐ ☺
Motivation	☐☐☐☐☐☐☐☐ ☺

NOTES

- ______
- ______
- ______
- ______
- ______
- ______
- ______

MON JOURNAL DE TRAINING

Comment j'ai réussi ma séance ? (ressenti musculaire, difficultés…)

....

....

....

....

....

Évaluez votre réussite en coloriant le thermomètre.

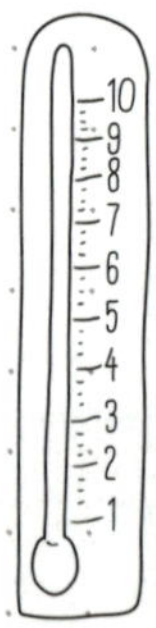

SAMEDI

FOOD

Omelette petit déj sans gluten et sans lactose

Battez 2 œufs, 1 blanc d'œuf, 1 banane en rondelles et 1 filet de miel. Versez dans une poêle bien chaude avec un peu d'huile de coco. Ajoutez 10 cl de lait d'amande et étalez la préparation. Laissez cuire 5-6 min à feu moyen, puis parsemez de coco râpée et faites fondre dessus 1 carré de chocolat noir 85 %. Laissez chauffer quelques minutes, rabattez les deux bords avec une spatule. Saupoudrez de coco râpée.

MOTIVATION

Trop pressée de réussir !

Perdre 10 kg et 5 cm de tour de fesses ne se fait pas en 1 mois. Vous peser ou vous mesurer tous les jours ne fera que vous démotiver ! En plus, le muscle pèse plus lourd que le gras, vous risquez bien de prendre du poids dans les prochaines semaines, mais votre silhouette, elle, s'affinera. Restez confiante !

TRAINING

Yoga

La salutation au soleil est un enchaînement fluide de postures qui réveillent les muscles en douceur. Parfait pour récupérer entre 2 trainings, car elle tonifie les muscles, active l'irrigation sanguine et redonne de l'énergie ! À faire 5 fois, en maintenant chaque posture 30 s.

FEEL GOOD

Le sommeil

Le sommeil, c'est la base. Un sommeil de qualité vous permettra d'être en meilleure forme. Le système nerveux sollicité pour contracter les muscles sera reposé, ce qui vous donnera plus d'énergie, d'endurance et de précision sur les exercices. Vos muscles récupèrent ainsi (les lésions sont réparées).

NOTES

MES TRACKERS

Repas équilibré

Portions raisonnables

Motivation

MON JOURNAL DE TRAINING

Comment j'ai réussi ma séance ? (ressenti musculaire, difficultés…)

Évaluez votre réussite en coloriant le thermomètre.

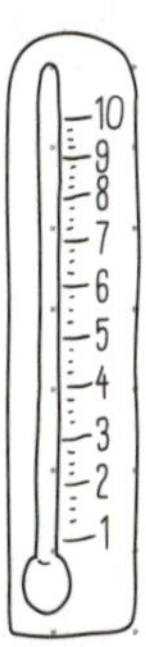

DIMANCHE

TRAINING

Endurance training

Profitez de ce dimanche pour sortir faire un petit run, histoire de continuer à brûler des calories ! Le principe ? Une séance de 45 min minimum de 50 % de votre fréquence cardiaque maximum. Calculez-la : 226 – votre âge (années) = FCM. Un indice pour être sûre d'être à la bonne fréquence cardiaque ? Vous pouvez parler ou chanter sans être essoufflée !

MOTIVATION

Je me félicite !

Bravo, vous êtes venue à bout de cette 1re semaine de training ! Ressentez votre corps se réveiller ! N'est-il pas déjà plus fort et plus tonique ? Ne lui avez-vous pas découvert de nouvelles capacités ? N'avez-vous pas l'impression d'avoir minci (même si ce n'est pas encore le cas) ? Pensez à tout le bien-être et à la fierté à venir au fil de vos progrès !

FEEL GOOD

Aquathérapie spécial legs

Favorisez la récupération et la circulation sanguine grâce au massage de l'eau : le mouvement ascendant du jet et la pression dans les veines créées par le froid font remonter le sang. Terminez votre douche sur le bas du corps en remontant vers le bassin, avec un jet d'eau de plus en plus froide. Si vous avez fait de la natation aujourd'hui, vous pouvez transformer cette séance en massage.

FOOD

Porridge protéiné

La veille, mélangez 25 g de flocons d'avoine avec 1 yaourt nature, 10 g de graines de chia et 5 cl de lait végétal. Le matin, cela aura gonflé. Vous n'avez plus qu'à ajouter 50 g de fruits frais (framboises, myrtilles, mangue…) en topping

MES TRACKERS

Repas équilibré	☐☐☐☐☐☐☐☐ ☺
Portions raisonnables	☐☐☐☐☐☐☐☐ ☺
Motivation	☐☐☐☐☐☐☐☐ ☺

NOTES

•
•
•
•
•
•
•

MON JOURNAL DE TRAINING

Comment j'ai réussi ma séance ? (ressenti musculaire, difficultés…)

Évaluez votre réussite en coloriant le thermomètre.

10 9 8 7 6 5 4 3 2 1

Mon bilan de la semaine 1

Mes victoires	Mes petits échecs	Niveau bien-être, comment je me suis sentie ?

Comment je me suis sentie sur les séances ?

Coloriez ce diagramme bâton selon votre ressenti de difficulté par type de séance (séance bas du corps, haut du corps, full body ou abdos) :

	BAS DU CORPS	HAUT DU CORPS	FULL BODY	ABDOS
Dur, impossible même !				
Dur, mais je me suis dépassée				
Dur, mais ça passe				
J'ai géré				
J'ai réussi facilement				

Comment j'ai réussi mon rééquilibrage alimentaire ? PEUT MIEUX FAIRE ! ☆ ☆ ☆ ☆ ☆ ☆ ☆ ☆ ☆ ☆ AU TOP !

Ce qui m'a aidée à mieux gérer	Ce qui a été compliqué	Ce que je peux faire la semaine prochaine pour progresser :

La 1re semaine est un test : vous avez trouvé les séances faciles ou au contraire infaisables ? C'est que vous avez soit sous-estimé, soit surestimé votre niveau. Réajustez en essayant le niveau inférieur ou supérieur. Mais il est normal que ce soit dur : vos placements ne sont pas sûrs, vos muscles sont faibles, vous avez des courbatures… À la fin de cette semaine, votre corps commence déjà à s'habituer au training et est plus tonique.

Semaine 2

Mon agenda

Organisez vos trainings et votre nutrition cette semaine.

Notez :

- Vos séances de training et de stretching.
- Vos menus.
- Les invitations (votre cheat meal de la semaine).
- Vos rendez-vous et obligations.
- Vos séances cocooning & beauty before beach !

LUNDI

Menus

Courses

MARDI

Menus

Courses

MERCREDI

Menus

Courses

JEUDI

Menus

Courses

VENDREDI

Menus

Courses

SAMEDI

Menus

Courses

Menus

Courses

DIMANCHE

NOTES

MON MEAL PREP

Anticipez la préparation de vos plats, prévoyez vos découpes et vos cuissons. C'est la clé pour manger maison sans se prendre la tête !

Je prépare pour .... (plat)

Je prépare pour .... (plat)

LUNDI

TRAINING

Circuit bas du corps + abs

Renforcement musculaire

- 20 squats sumo
- 15 fentes avant unilatérales de chaque côté
- 20 donkey kicks de chaque côté

Abdominaux

- 10 gainage ciseaux de chaque côté
- 20 relevés de jambes
- 20 mountain climbers lents

1 à 2 min de récup' entre chaque tour (selon votre niveau p. 8), plus si besoin.

MOTIVATION

Je rebooste ma motivation avec les mantras !

Nouvelle semaine = motivation toute neuve ! Attaquez la semaine remontée à bloc en utilisant des mantras. Par exemple, « 90 jours, ce n'est rien pour me transformer, me prendre en main, m'améliorer, m'aimer, prendre confiance en moi ». Créez-vous 10 mantras et affichez-les partout chez vous.

FOOD

Salade de pois chiches (pour 2)

Dans un saladier, préparez une vinaigrette avec de l'huile, du vinaigre, du sel et du poivre. Ajoutez un peu de muscade râpée et quelques mini-poivrons. Coupez 1 branche de céleri en tout petits dés et ajoutez-les. Rincez 1 bocal de pois chiches et versez-les dans le saladier. Mélangez le tout et servez frais.

FEEL GOOD

Mon bain feel good

Pour vous récompenser de votre séance, vous détendre et délasser vos muscles, versez 1 à 2 c. à s. de sel d'Epsom dans un bain chaud (environ 38 °C) avant de vous y plonger pendant au moins 15 min. Cette combinaison reminéralisera votre peau en magnésium et en soufre pour une bonne détente et une récupération musculaire optimale.

MES TRACKERS

Repas équilibré ☐☐☐☐☐☐☐☐

Portions raisonnables ☐☐☐☐☐☐☐☐

Motivation ☐☐☐☐☐☐☐☐

NOTES

•
•
•
•
•
•
•

MON JOURNAL DE TRAINING

Comment j'ai réussi ma séance ? (ressenti musculaire, difficultés…)

Évaluez votre réussite en coloriant le thermomètre.

10 9 8 7 6 5 4 3 2 1

MARDI

FEEL GOOD

Le top des plantes pour performer

Certaines plantes permettent à l'organisme de s'adapter plus vite et plus facilement, et ainsi d'être plus résistante et performante : les plantes adaptogènes. Sorte de dopants naturels, elles peuvent être énergisantes (ginseng, cordyceps, maca), stimulantes (éleuthérocoque), et même favoriser le développement musculaire et la force (tribulus).

MOTIVATION

Je vois les premiers résultats !

Dès la 2e semaine, vous pouvez voir les premiers résultats physiques ! Vous avez déjà beaucoup travaillé les abdos, et votre ventre devrait être légèrement plus plat, le bas du corps (cuisses et fesses) un peu galbé. Rien de mieux pour vous motiver à bloc et positiver !

TRAINING

Challenge legs affûtées !

Continuez à bosser les jambes au quotidien ! Pour les tonifier et booster votre training lower body, faites la chaise pendant que vous vous brossez les dents : cuisses parallèles au sol, dos contre un mur, tenez la position. Cela renforce les quadriceps, l'avant des cuisses.

FOOD

Conseil veggie

Pour obtenir suffisamment de protéines et nourrir vos muscles, associez céréales + légumineuses : riz complet + lentilles, quinoa + haricots rouges, semoule + pois chiches, boulgour + pois cassés. Vous pouvez aussi faire des associations avec le maïs, les haricots secs, les lentilles corail, le kamut, la semoule d'épeautre…

NOTES

-
-
-
-
-
-
-

MES TRACKERS

Repas équilibré									☺
Portions raisonnables									☺
Motivation									☺

MON JOURNAL DE TRAINING

Comment j'ai réussi ma séance ? (ressenti musculaire, difficultés…)

....

....

....

....

....

Évaluez votre réussite en coloriant le thermomètre.

10
9
8
7
6
5
4
3
2
1

MERCREDI

TRAINING

Circuit haut du corps + abs

Renforcement musculaire

- 20 développés militaires
- 20 élévations latérales, avant et arrière enchaînées
- 10 pompes

Abdominaux

- 40 rotations de buste
- 40 inclinaisons de buste
- 20 mountain climbers croisés

1 à 2 min de récup' entre chaque tour (selon votre niveau p. 8), plus si besoin.

MOTIVATION

Je me challenge !

Profitez de votre motivation (ou boostez-la) en vous challengeant ! Le challenge du jour : sortir de votre zone de confort, car c'est seulement en étendant vos capacités que vous progresserez. Comment faire ? Augmentez vos charges ou la vitesse d'exécution.

FOOD

Les graines et les oléagineux

Pour optimiser votre apport nutritionnel en protéines, bons acides gras essentiels, fibres, vitamines, minéraux et antioxydants, consommez des graines (lin, sésame, tournesol, courge, chia…) et des oléagineux (noix, cajou, amandes, noisettes, pistaches…). De vrais coupe-faim naturels !

FEEL GOOD

Je n'oublie pas de boire pendant le training !

Durant un effort, la contraction des muscles produit de la chaleur : vous transpirez et perdez de l'eau et des sels minéraux. Or la déshydratation est facteur de contre-performance et peut provoquer blessures, crampes et tendinites. Votre cerveau perçoit moins bien les sensations, le système nerveux est moins réactif. 1 % de déshydratation, c'est 10 % de capacités physiques en moins, alors buvez avant, pendant et après votre training !

MES TRACKERS

Repas équilibré									☺
Portions raisonnables									☺
Motivation									☺

NOTES

- ______
- ______
- ______
- ______
- ______
- ______
- ______

MON JOURNAL DE TRAINING

Comment j'ai réussi ma séance ? (ressenti musculaire, difficultés…)

....

....

....

....

....

Évaluez votre réussite en coloriant le thermomètre.

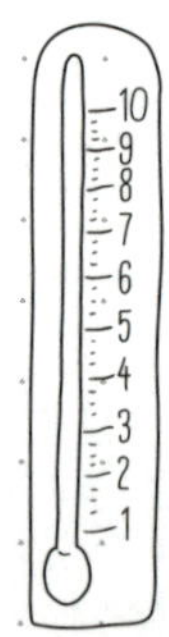

JEUDI

FEEL GOOD

Mon evening routine

Le soir, détendez-vous avec quelques cycles de respiration profonde. D'une nature calme, allongez-vous 30 min avec un livre qui vous captive. Plutôt nerveuse, défoulez-vous 30 min avec une activité sportive. Ces deux rituels permettent de libérer des endorphines (hormones antistress) qui favorisent le bien-être et le sommeil.

TRAINING

Stretching express upper body

Faites le chat : à quatre pattes, faites le dos rond en poussant sur les mains, les épaules et en poussant le pubis vers le nombril, expirez par la bouche. Dos plat, inspirez par le nez, ouvrez la poitrine, levez la tête sans relâcher le ventre. Les tensions se relâchent, vous étirez tout le dos et la poitrine et renforcez les épaules. À faire 5 fois.

MOTIVATION

SOS, je n'arrive pas à tout gérer !

Quand on veut, on peut… ou pas. En fait, la volonté n'est pas illimitée dans une journée. Alors conservez de la motivation pour votre training. Priorisez, entre le bureau, les courses, les sorties : quel objectif est plus important pour vous en ce moment ? Mettez-y toute votre motivation !

FOOD

Porridge au maca et aux fruits rouges

Dans un bol, versez 40 g de flocons d'avoine et recouvrez de 20 cl de lait végétal. Faites chauffer 2 min au micro-ondes, puis ajoutez 1 c. à c. de poudre de maca, 1 sachet de stévia ou 1 c. à c. de sirop d'agave pour sucrer (facultatif), 4 c. à s. de fruits rouges et saupoudrez de cannelle.

NOTES

-
-
-
-
-
-
-

MES TRACKERS

Repas équilibré	☐☐☐☐☐☐☐☐
Portions raisonnables	☐☐☐☐☐☐☐☐
Motivation	☐☐☐☐☐☐☐☐

MON JOURNAL DE TRAINING

Comment j'ai réussi ma séance ? (ressenti musculaire, difficultés…)

Évaluez votre réussite en coloriant le thermomètre.

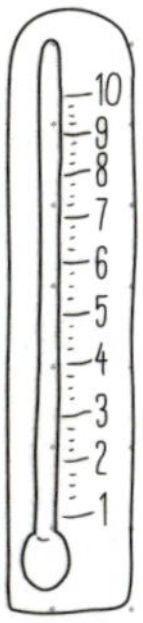

VENDREDI

TRAINING

Circuit full body + abs

Renforcement musculaire

- 20 squats sumo grande amplitude + 10 à petite amplitude
- 30 fentes avant alternées + montée de genou
- 10 pompes commando + donkey kicks

Abdominaux

- 20 relevés de jambes
- 10 gainage ciseaux de chaque côté
- 1 min de gainage

1 à 2 min de récup' entre chaque tour (selon votre niveau p. 8), plus si besoin.

FEEL GOOD

Ma respiration énergisante

Debout, pieds largeur d'épaules, genoux déverrouillés, tendez les bras au-dessus de la tête en inspirant profondément. Bloquez l'air et comprimez les poumons en engageant les muscles du thorax et de l'abdomen. Pliez les bras à 90° en alignant les coudes avec vos épaules et soufflez en relâchant buste et bras vers le sol. Recommencez 5 fois pour vous booster avant un training.

FOOD

Verrine aux fruits frais et aux graines de chia

Lavez et coupez en petits morceaux 100 g de fraises. Ajoutez quelques myrtilles ou autres fruits rouges et disposez la moitié des fruits dans un verre. Ajoutez 3 c. à s. de fromage blanc, puis le reste des fruits. Parsemez de noisettes concassées et de 2 c. à s. de graines de chia.

MOTIVATION

Dur de tenir jusqu'au bout ! Quand cela devient difficile, concentrez-vous sur votre technique, sur le ressenti musculaire, l'amplitude du mouvement. Pensez à contracter la zone travaillée, dites-vous que la prochaine répétition sera encore mieux exécutée… C'est une façon de distraire votre cerveau. Hyper efficace pour tenir !

MES TRACKERS

Repas équilibré

Portions raisonnables

Motivation

NOTES

MON JOURNAL DE TRAINING

Comment j'ai réussi ma séance ? (ressenti musculaire, difficultés…)

Évaluez votre réussite en coloriant le thermomètre.

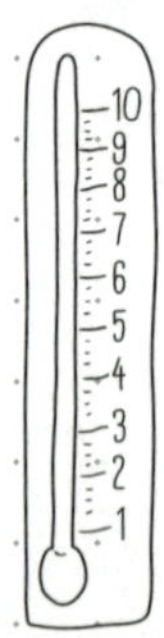

SAMEDI

FOOD

Cheat meal day !

Un cheat meal est un repas où tout est permis. Faire un écart hypercalorique ne va pas anéantir tous vos efforts. Ce repas a deux utilités : vous éviter d'être frustrée (et de lâcher votre rééquilibrage) et relancer votre métabolisme, pour éviter que celui-ci ne se ralentisse. En bref, cela vous permet de continuer à déstocker et à mieux mincir. Octroyez-vous 1 à 2 repas plaisir par semaine.

TRAINING

Stretching express lower body

Allongez-vous sur le dos. Amenez le genou vers la poitrine, jambe pliée, et maintenez-le avec la main 30 s. Puis changez de jambe. Cela étire le bas du dos et l'arrière des cuisses (les ischios-jambiers). À faire 5 fois.

FEEL GOOD

La bouillotte doudou

La chaleur permet de relâcher les muscles tendus par un faux mouvement en améliorant la circulation sanguine grâce à la dilatation des vaisseaux sanguins. Elle peut également diminuer l'acide lactique (les déchets musculaires) accumulé dans le muscle surmené. Alors misez sur la bouillotte pour la récup' !

MOTIVATION

Je suis fatiguée, je suis tentée de zapper la séance…

Ce n'est pas parce que c'est la fin de la semaine qu'on peut se relâcher, voire carrément zapper sa séance de récup' ! Ne faites pas les choses à moitié. Levez-vous avec détermination et couchez-vous avec satisfaction ! Pour vous aider, respirez de l'HE de menthe poivrée, psychostimulante, elle booste la motivation. *Go, girl !*

NOTES

-
-
-
-
-
-
-

MES TRACKERS

Repas équilibré

Portions raisonnables

Motivation

MON JOURNAL DE TRAINING

Comment j'ai réussi ma séance ? (ressenti musculaire, difficultés…)

Évaluez votre réussite en coloriant le thermomètre.

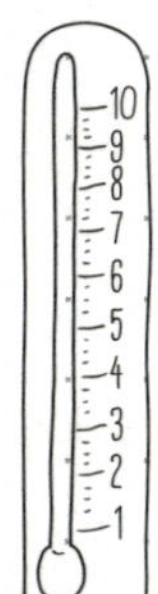

DIMANCHE

TRAINING

Endurance training

On poursuit avec l'endurance, car c'est le training qui puise prioritairement dans les graisses à partir de 30 min de pratique. Cette fois, faites une sortie vélo (ou cycling indoor s'il ne fait pas beau) de 45 min minimum toujours à 50 % de votre fréquence cardiaque maximum.

MOTIVATION

Never give up !

Ce que vous faites chaque jour vous rapproche de votre objectif. Chaque training, chaque répétition, mais aussi tous les challenges au quotidien, toutes les occasions de bouger. Bravo, cela fait 2 semaines de training réussies, la moitié du 1er mois, vous êtes déjà plus galbée !

FEEL GOOD

Mon drainage lymphatique récup'

Le drainage lymphatique nettoie et régénère l'organisme. On stimule la circulation de la lymphe (liquide incolore circulant des vaisseaux lymphatiques servant à évacuer les déchets métaboliques et les toxines). Placez vos doigts ou vos paumes de mains sur les zones ganglionnaires (cou, aisselles, aine et poplités des genoux) et effectuez des massages en variant les pressions.

FOOD

Mini-brunch avocado toast !

Dans une casserole d'eau frémissante avec 10 cl de vinaigre, plongez 1 œuf (ultra frais) pendant 10 s. Sortez-le, puis cassez-le dans l'eau. Laissez cuire exactement 3 min, épongez-le sur du papier absorbant. Sur 2 tranches de pain complet, répartissez : ½ avocat haché, 1 blanc de poulet (ou 100 g de tofu) et l'œuf poché. Saupoudrez d'estragon ou d'origan et servez avec 1 fruit au choix.

MES TRACKERS

Repas équilibré									☺
Portions raisonnables									☺
Motivation									☺

NOTES

-
-
-
-
-
-
-

MON JOURNAL DE TRAINING

Comment j'ai réussi ma séance ? (ressenti musculaire, difficultés…)

....

....

....

....

....

Évaluez votre réussite en coloriant le thermomètre.

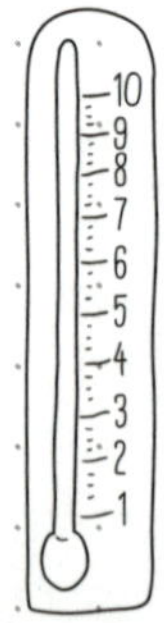

Mon bilan de la semaine 2

Mes victoires	Mes petits échecs	Niveau bien-être, comment je me suis sentie ?

Comment je me suis sentie sur les séances ?

Coloriez ce diagramme bâton selon votre ressenti de difficulté par type de séance (séance bas du corps, haut du corps, full body ou abdos) :

	BAS DU CORPS	HAUT DU CORPS	FULL BODY	ABDOS
Dur, impossible même !				
Dur, mais je me suis dépassée				
Dur, mais ça passe				
J'ai géré				
J'ai réussi facilement				

Comment j'ai réussi mon rééquilibrage alimentaire ?

PEUT MIEUX FAIRE ! ☆ ☆ ☆ ☆ ☆ ☆ ☆ ☆ ☆ ☆ AU TOP !

Ce qui m'a aidée à mieux gérer	Ce qui a été compliqué	Ce que je peux faire la semaine prochaine pour progresser :

Vous êtes lancée et vous êtes déjà plus à l'aise ! Les séances sont dures (les courbatures persistent sur le bas, et surtout le haut du corps), mais vous y arrivez. La difficulté de cette semaine, c'est le travail sur le haut du corps (bras, épaules). Si vous manquez de force sur les pompes et le gainage, n'hésitez pas à poser vos genoux dès le départ. Sinon faites-en un maximum jambes tendues et terminez les dernières répétitions genoux au sol. Mais allez au bout. Ne vous arrêtez pas à la première difficulté ! *Keep up !*

Semaine 3

Mon agenda

Organisez vos trainings et votre nutrition cette semaine.

Notez :

– Vos séances de training et de stretching.
– Vos menus.
– Les invitations (votre cheat meal de la semaine).
– Vos rendez-vous et obligations.
– Vos séances cocooning & beauty before beach !

LUNDI

Menus

Courses

MARDI

Menus

Courses

Menus

Courses

MERCREDI

Menus

Courses

JEUDI

VENDREDI

Menus

Courses

SAMEDI

Menus

Courses

Menus

Courses

DIMANCHE

NOTES

Mon meal prep

Anticipez la préparation de vos plats, prévoyez vos découpes et vos cuissons. C'est la clé pour manger maison sans se prendre la tête !

Je prépare pour

(plat)

Je prépare pour

(plat)

LUNDI

TRAINING

Circuit bas du corps + abs

Renforcement musculaire

- 20 squats + kick
- 20 fentes avant-arrière alternées
- 20 levés de bassin + montées de genou alternées

Abdominaux

- 20 relevés de jambes
- 45 s de gainage ciseaux de chaque côté
- 10 spider planks de chaque côté

1 à 2 min de récup' entre chaque tour (selon votre niveau p. 8), plus si besoin.

FEEL GOOD

Top des plantes anti-fatigue

1. Le ginseng : anti-fatigue
2. Le kola : stimule le système nerveux
3. La rhodiole : anti-fatigue liée au stress
4. L'angélique chinoise : améliore les performances sportives
5. Le thé : soulage la fatigue chronique

MOTIVATION

C'est lundi, je me motive !

3e semaine de training, ça devient sérieux ! Good news, vous allez moins ressentir les courbatures, votre corps commence à s'habituer à l'effort, ça sera plus facile et va vous offrir de plus en plus de plaisir, de satisfaction et de fierté. C'est le début de votre addiction au sport ! Ça motive, non ?

FOOD

Bowl healthy aux légumes verts (pour 1)

Répartissez 5 c. à s. de semoule au fond d'un bol, puis les uns à côté des autres pour un joli visuel : 1 poignée de mâche, quelques tranches d'avocat, 5 c. à s. de haricots verts et de brocolis cuits à la vapeur. Assaisonnez avec un pesto maison (2 poignées de basilic frais + 1 poignée de pignons + 1 c. à s. de parmesan en poudre, le tout haché, en rajoutant de l'huile d'olive selon la texture désirée).

MES TRACKERS

Repas équilibré

Portions raisonnables

Motivation

NOTES

•

•

•

•

•

•

•

MON JOURNAL DE TRAINING

Comment j'ai réussi ma séance ? (ressenti musculaire, difficultés…)

Évaluez votre réussite en coloriant le thermomètre.

10 9 8 7 6 5 4 3 2 1

MARDI

FEEL GOOD

J'optimise mon repos

Pour récupérer et être bien reposée, couchez-vous tôt, car le sommeil profond de début de nuit dure plus longtemps, c'est donc plus réparateur. Et pour vous endormir et vous réveiller facilement, synchronisez-vous sur vos cycles du sommeil. Repérez-les (90 min) à l'aide d'un sleep traker : notez vos heures d'endormissement et de réveil naturelles et les heures de coups de barre pendant 20 jours. Vous verrez vite les cycles se dessiner.

TRAINING

Challenge booty

Continuez le training dans la journée avec un petit challenge : montez le plus d'escaliers et d'étages ! Interdit de prendre l'ascenseur, cherchez toutes les occasions de faire ce petit step. En plus de travailler les cuisses, cela brûle les graisses.

FOOD

Velouté d'avocat (pour 4)

Mixez la chair de 3 petits avocats avec 15 cl de lait végétal (riz, avoine…) au blender ou au mixeur. Poivrez à votre convenance. Servez dans de petits bols, avec du persil finement ciselé par-dessus. À déguster rapidement !

MOTIVATION

Tentée de zapper ma séance…

Plus de possibilités, c'est aussi plus de tentations (à 18 h, training, sortie ou télé ?). Votre motivation est alors mise à l'épreuve. La solution pour rester motivée sans trop d'efforts est d'éviter les tentations, par exemple en vous entraînant à des horaires où les possibilités sont moins nombreuses !

NOTES

-
-
-
-
-
-
-

MES TRACKERS

Repas équilibré

Portions raisonnables

Motivation

MON JOURNAL DE TRAINING

Comment j'ai réussi ma séance ? (ressenti musculaire, difficultés…)

Évaluez votre réussite en coloriant le thermomètre.

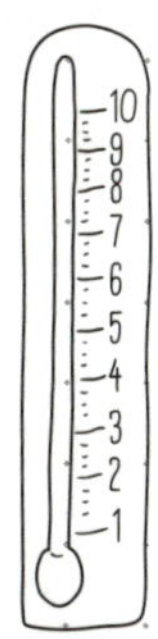

MERCREDI

TRAINING

Circuit haut du corps + abs

Renforcement musculaire

- 20 oiseau avec un demi-cercle de bras vers l'avant
- 60 rotations de poignets
- 20 superman en faisant un demi-cercle de bras vers l'arrière

Abdominaux

- 30 mountain climbers dynamiques
- 1 min de gainage
- 20 relevés de jambes

1 à 2 min de récup' entre chaque tour (selon votre niveau p. 8), plus si besoin.

FOOD

Les algues

Les championnes en protéines ! Le klamath en contient environ 60 %, la chlorelle 50 % (et beaucoup de fibres, vitamines et minéraux), le nori 30 % (+ acides aminés essentiels, fer, vitamines et minéraux), ce qui peut remplacer le soja, 1 œuf ou une viande. Le wakamé est plus riche en protéines qu'1 œuf (environ 20 %) et en vitamines, minéraux et acides aminés essentiels.

FEEL GOOD

Mon bain feel good

Versez 5 gouttes d'HE de genévrier dans un peu de gel douche et secouez. Dissolvez le mélange dans un bain chaud (environ 38 °C) avant de vous y plonger au moins 15 min. Cela draine les toxines, limite les courbatures et détend les muscles.

MOTIVATION

J'ai encore parfois envie d'abandonner avant la fin…

Même si cette semaine devrait être plus facile, les moments de difficulté sont encore là. Des courbatures persistent et l'intensité augmente. Quand le doute s'installe, montrez à votre esprit que votre corps en est encore capable ! Ne réfléchissez pas, faites-le, rep après rep, et vous arriverez au bout encore une fois !

MES TRACKERS

Repas équilibré

Portions raisonnables

Motivation

NOTES

MON JOURNAL DE TRAINING

Comment j'ai réussi ma séance ? (ressenti musculaire, difficultés…)

Évaluez votre réussite en coloriant le thermomètre.

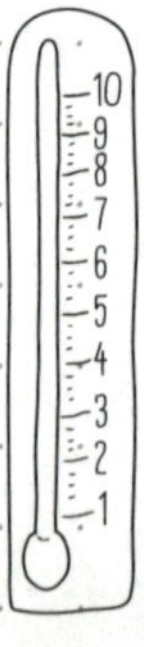

JEUDI

FEEL GOOD

Boisson training au gingembre

Ajoutez des petits morceaux de gingembre dans votre bouteille d'eau. Cette boisson vous apportera un coup de fouet, car le gingembre contient une quarantaine de composés antioxydants. Vous pouvez aussi le consommer en poudre dans vos repas (saupoudré sur les soupes, smoothies, desserts, mélangé dans les porridges, marinades…).

FOOD

Varier ses protéines

Les protéines sont composées d'acides aminés que les végétaux ne possèdent pas tous en quantité suffisante (à l'exception du soja). Il faut donc varier vos sources de protéines végétales au cours de la semaine pour avoir tous les acides aminés nécessaires et en quantité suffisante.

TRAINING

Relax dos

Sur le dos, les genoux plaqués sur la poitrine, bras en couronne autour, effectuez de petits mouvements circulaires avec votre bassin. Cela relâche la tension et crée un automassage des lombaires. Pendant tout l'exercice, inspirez profondément et expirez lentement. À faire 5 fois.

MOTIVATION

Je n'aurai pas le temps de faire ma séance demain… C'est le stress du quotidien ou la peur de la douleur qui vous coupe toute envie? Rationalisez! Le stress anticipé vient de la sensation d'être dépassée par la situation et les échéances. Pour mieux maîtriser les choses, découpez votre tâche en plus petites faciles, et tout vous semblera de nouveau possible. Vous pourrez alors faire votre séance l'esprit tranquille!

NOTES

- ______________________
- ______________________
- ______________________
- ______________________
- ______________________
- ______________________
- ______________________

MES TRACKERS

Repas équilibré										☺
Portions raisonnables										☺
Motivation										☺

MON JOURNAL DE TRAINING

Comment j'ai réussi ma séance ? (ressenti musculaire, difficultés…)

....

....

....

....

....

Évaluez votre réussite en coloriant le thermomètre.

10 9 8 7 6 5 4 3 2 1

VENDREDI

TRAINING

Circuit full body + abs

Renforcement musculaire

- 25 élévations latérales + squat
- 30 fentes arrière-avant + cercle bras
- 30 levés de bassin avec élévation de bras en haut synchronisée

Abdominaux

- 50 rotations de buste
- 20 spider planks alternées
- 50 inclinaisons de buste

1 à 2 min de récup' entre chaque tour (selon votre niveau p. 8), plus si besoin.

FEEL GOOD

Massage anti-courbature

Le Baume du tigre® est spécialement conçu pour les sportifs. Il est composé de camphre, de menthol, d'HE de menthe, de cajeput et de cannelier de Chine, qui ont tous une action antidouleur articulaire et musculaire. Utilisez-le sur les zones courbaturées en effectuant de petits mouvements circulaires vers le haut.

FOOD

La spiruline

Ce superaliment est une micro-algue séchée qui se consomme en poudre, paillettes et comprimés. Ou fraîche en salade. Elle est riche en protéines (60% environ), fer (fixe l'oxygène dans le sang) et en bêta-carotène. Les sportifs en consomment régulièrement, profitez-en aussi !

MOTIVATION

Je m'accroche ! Vous arrivez à la fin de votre 3e semaine de training ! 3 semaines, c'est justement le temps qu'il faut au cerveau pour ancrer de nouvelles habitudes et qu'elles ne nous demandent plus aucun effort. Plus vous pratiquez régulièrement, plus les connexions dans votre cerveau se renforcent, et plus ça devient facile. Chaque entraînement est un petit pas vers la fit-girl et la bikini bomba !

MES TRACKERS

Repas équilibré

Portions raisonnables

Motivation

NOTES

MON JOURNAL DE TRAINING

Comment j'ai réussi ma séance ? (ressenti musculaire, difficultés…)

Évaluez votre réussite en coloriant le thermomètre.

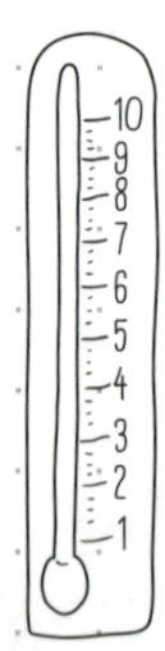

SAMEDI

MOTIVATION

Rien envie de faire…

Même pas votre séance d'étirement, et c'est dommage. Essayez juste d'en faire quelques minutes, il se peut que vous finissiez par faire une séance entière ! Cette méthode (commencer juste un petit peu) permet de tromper son cerveau pour éviter la procrastination. Vous serez détendue et contente de l'avoir fait, au final. Allez, on s'y met !

FEEL GOOD

Le foam roller

C'est un petit rouleau de massage qui permet de relâcher les nœuds musculaires après le training. Allongez dessus la partie du corps contractée (avant, arrière, côté des cuisses, haut et bas du dos, nuque, pieds…) et effectuez de petits mouvements pour le faire rouler et vous masser.

TRAINING

Étirement full body yoga

Aujourd'hui, le chien tête en bas ! À quatre pattes, soulevez les fesses en tendant les jambes, pour former un V inversé. Poussez les talons en direction du sol. Gardez le dos bien plat, poussez sur les mains et tendez le coccyx vers l'arrière. Cette posture détend le corps tout entier ! À faire 5 × 30 s.

FOOD

Cheat meal pizza no glu

Mélangez 300 g de farine de riz, 1 sachet de levure de boulanger et 1 c. à c. de sel. Ajoutez 20 cl d'eau tiède et pétrissez la pâte jusqu'à ce qu'elle soit souple. Laissez reposer à température ambiante 1 h. Préchauffez le four à 220 °C. Abaissez la pâte, étalez de la sauce tomate, disposez 100 g de champignons de Paris et 1 poivron émincés, salez, poivrez et recouvrez de 100 g de gruyère râpé. Faites cuire 20-25 min.

NOTES

-
-
-
-
-
-
-

MES TRACKERS

Repas équilibré

Portions raisonnables

Motivation

MON JOURNAL DE TRAINING

Comment j'ai réussi ma séance ? (ressenti musculaire, difficultés…)

Évaluez votre réussite en coloriant le thermomètre.

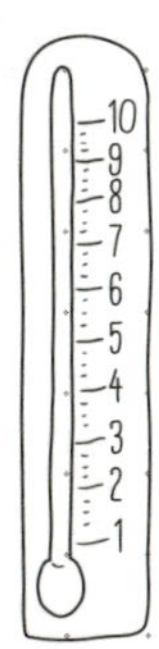

DIMANCHE

TRAINING

Endurance training

Aujourd'hui, offrez-vous une sortie piscine… mais en mode training, histoire de continuer à brûler des calories ! Comme les deux premières semaines, faites une séance de 45 min minimum de 50 % de votre fréquence cardiaque maximum. Ensuite, vous avez le droit de buller dans le jacuzzi !

FOOD

Bowlcake chocolat

Mélangez 35 g de flocons d'avoine, 1 œuf, 15 g de farine de châtaigne (ou autre), 2 c. à s. de fromage blanc 0 % (ou de yaourt au soja), 1 c. à s. de miel, 1 c. à c. de cacao 100 %, 1 pincée de sel dans un bol. Couvrez et faites cuire 1 min 30 au micro-ondes, puissance max. Retournez pour démouler et servez avec des fruits rouges et 2 carrés de chocolat noir 85 %.

MOTIVATION

J'ai réussi encore une semaine !

Bravo ! Ça mérite une petite récompense, non ? 21 jours à prendre soin de vous, c'est déjà une récompense en soi, mais continuez à associer dans votre cerveau le training à un moment positif en prévoyant une petite séance cocooning : enduisez-vous le corps d'une crème à la coco qui sent bon, faites-vous masser par votre amoureux, faites une séance make-up entre copines…

FEEL GOOD

Mon sauna récup' & cocooning

C'est un excellent moyen de relaxer son corps et son esprit. La chaleur détend les muscles et redynamise la circulation sanguine. Détendre les muscles et l'esprit stimule la régénération des tissus. Pour optimiser la récupération, hydratez-vous bien pendant et après le sauna. Vous risqueriez sinon d'en perdre tous les bénéfices.

MES TRACKERS

Repas équilibré

Portions raisonnables

Motivation

NOTES

-
-
-
-
-
-
-

MON JOURNAL DE TRAINING

Comment j'ai réussi ma séance ? (ressenti musculaire, difficultés…)

Évaluez votre réussite en coloriant le thermomètre.

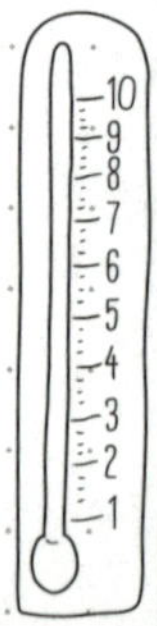

Mon bilan de la semaine 3

Mes victoires	Mes petits échecs	Niveau bien-être, comment je me suis sentie ?

Comment je me suis sentie sur les séances ?

Coloriez ce diagramme bâton selon votre ressenti de difficulté par type de séance (séance bas du corps, haut du corps, full body ou abdos) :

	BAS DU CORPS	HAUT DU CORPS	FULL BODY	ABDOS
Dur, impossible même !				
Dur, mais je me suis dépassée				
Dur, mais ça passe				
J'ai géré				
J'ai réussi facilement				

Comment j'ai réussi mon rééquilibrage alimentaire ? PEUT MIEUX FAIRE ! ☆ ☆ ☆ ☆ ☆ ☆ ☆ ☆ ☆ ☆ AU TOP !

Ce qui m'a aidée à mieux gérer	Ce qui a été compliqué	Ce que je peux faire la semaine prochaine pour progresser :

Cette semaine était plus intense à cause des combinaisons d'exercices plus nombreuses : cela rend les exercices plus métaboliques (vous sollicitez encore plus de muscles). Malgré l'effort de coordination que cela implique, vous prenez petit à petit vos repères et êtes plus à l'aise durant les séances. Votre corps réagit de mieux en mieux aux trainings, et ça, ça motive ! Le travail sur les épaules devient plus facile. Vous vous sentez de plus en plus tonique et votre ventre s'affine.

Semaine 4

Mon agenda

Organisez vos trainings et votre nutrition cette semaine.

Notez :

– Vos séances de training et de stretching.
– Vos menus.
– Les invitations (votre cheat meal de la semaine).
– Vos rendez-vous et obligations.
– Vos séances cocooning & beauty before beach !

LUNDI

Menus

Courses

MARDI

Menus

Courses

MERCREDI

Menus

Courses

JEUDI

Menus

Courses

VENDREDI

Menus

Courses

SAMEDI

Menus

Courses

Menus

Courses

DIMANCHE

NOTES

MON MEAL PREP

Anticipez la préparation de vos plats, prévoyez vos découpes et vos cuissons. C'est la clé pour manger maison sans se prendre la tête !

	Je prépare pour ……………… (plat)	
	Je prépare pour ……………… (plat)	

LUNDI

TRAINING

Circuit bas du corps + abs

Renforcement musculaire

- 30 squats sumo en décollant les talons
- 15 fentes arrière + kick unilatéral de chaque côté
- 20 donkey kicks + petit cercle jambe tendue

Abdominaux

- 30 rotations de buste + inclinaison de buste
- 12 gainage ciseaux de chaque côté
- 1 min de gainage

1 à 2 min de récup' entre chaque tour (selon votre niveau p. 8), plus si besoin.

FOOD

La vitamine B12

Cette vitamine existe seulement dans les produits animaux, elle est pourtant nécessaire à la production des globules rouges et au bon fonctionnement du système nerveux. Végétalienne, il faut vous supplémenter quotidiennement. Végétarienne, ce n'est pas nécessaire si vos analyses médicales sont bonnes, à condition de manger au moins 1 œuf et 1 produit laitier par jour.

FEEL GOOD

Bain de soleil énergisant

5 min d'exposition au soleil chaque matin, au réveil, vous booste pour la journée. La lumière stimule la sécrétion de cortisol, l'hormone de l'activité. Et vous faites le plein de vitamine D, indispensable au bon fonctionnement du système immunitaire. *Light is life !*

MOTIVATION

Je me motive !

Dernière semaine avant la fin de la 1re phase ! Pour vous motiver, utilisez la visualisation : imaginez-vous à la fin de la semaine, votre objectif du 1er mois atteint, fière, avec des cuisses plus fermes, un joli booty galbé et un haut du corps dessiné. Cette technique de préparation mentale sert aux athlètes pour rester déterminés !

MES TRACKERS

Repas équilibré

Portions raisonnables

Motivation

NOTES

MON JOURNAL DE TRAINING

Comment j'ai réussi ma séance ? (ressenti musculaire, difficultés…)

Évaluez votre réussite en coloriant le thermomètre.

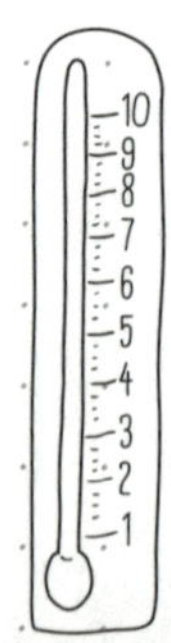

MARDI

FOOD

Müesli aux fruits secs

Mélangez 20 g de flocons d'avoine avec 20 g de flocons d'épeautre ou de quinoa. Ajoutez 1 c. à c. de baies de goji, 2 abricots secs coupés en petits morceaux, 5 noisettes et 5 amandes grossièrement concassées. Consommez ce müesli avec du yaourt végétal ou du fromage blanc.

FEEL GOOD

Le tapis de fleurs

Le tapis de fleurs (ou d'acupression) est un tapis avec de petits picots. En vous allongeant dessus, vous massez des points d'acupuncture. Cela détend et réduit la fatigue et les tensions liées au stress et vous donne un regain d'énergie.

TRAINING

Stomach vacuum

Assise sur une chaise, le dos droit, les 2 mains posées sur le ventre, inspirez en gonflant le ventre, puis expirez en aspirant fortement le ventre sous les côtes. Les mains sont votre point de repère : à chaque inspiration, elles ne doivent pas se soulever. À l'expiration, elles doivent être aspirées de plus en plus contre le dossier de la chaise. Faites 5 reps.

MOTIVATION

Dur de me motiver aujourd'hui… Quand on est dans une période chargée et stressante, le système nerveux est ultra sollicité. Résultat, vous fatiguez et il vous reste moins de forces pour votre training. Pour vous recharger en énergie mentale, prévoyez des temps de ressourcement. Il s'agit d'aérer votre cerveau avec une activité calme et qui vous fait plaisir (vous promener, voir une copine, etc.). Vous serez de nouveau en forme pour le training!

NOTES

- ____
- ____
- ____
- ____
- ____
- ____
- ____

MES TRACKERS

Repas équilibré									☺
Portions raisonnables									☺
Motivation									☺

MON JOURNAL DE TRAINING

Comment j'ai réussi ma séance ? (ressenti musculaire, difficultés…)

....

....

....

....

....

Évaluez votre réussite en coloriant le thermomètre.

10 9 8 7 6 5 4 3 2 1

MERCREDI

TRAINING

Circuit haut du corps + abs

Renforcement musculaire

- 12 pompes commando
- 20 dips sur chaise
- 20 biceps prise marteau

Abdominaux

- 20 spider planks alternées
- 30 relevés de jambes
- 30 mountain climbers

1 à 2 min de récup' entre chaque tour (selon votre niveau p. 8), plus si besoin.

FOOD

Granola énergétique (pour 1, pour la semaine)

Dans un saladier, mélangez 120 g de flocons d'avoine, 50 g de noix concassées (noisettes, amandes, noix du Brésil, etc.) et 25 g de noix de coco râpée. Mélangez 5 cl d'huile de coco et 4 cl de sirop d'agave et ajoutez à l'appareil pour former une pâte compacte. Émiettez en gros morceaux. Étalez le tout sur une plaque recouverte de papier sulfurisé et faites cuire au four 20 min à 170 °C, en remuant de temps en temps jusqu'à ce que le granola soit bien doré.

MOTIVATION

Dur de tenir, je n'en peux plus !

Gardez en tête que c'est dans l'inconfort que vous devenez plus forte. Ne vous arrêtez pas quand vous êtes fatiguée, mais seulement quand vous avez atteint votre objectif !

FEEL GOOD

Mon bain

Versez 1 à 2 c. à s. de bicarbonate de soude dans un bain chaud (environ 38 °C) avant de vous plonger dedans pendant au moins 15 min. Vous en ressortirez détendue, et avec une peau douce et plus ferme grâce à son action relaxante et anti-peau sèche !

MES TRACKERS

Repas équilibré	☐☐☐☐☐☐☐☐ ☺
Portions raisonnables	☐☐☐☐☐☐☐☐ ☺
Motivation	☐☐☐☐☐☐☐☐ ☺

NOTES

- ____________________
- ____________________
- ____________________
- ____________________
- ____________________
- ____________________
- ____________________

MON JOURNAL DE TRAINING

Comment j'ai réussi ma séance ? (ressenti musculaire, difficultés…)

....

....

....

....

....

Évaluez votre réussite en coloriant le thermomètre.

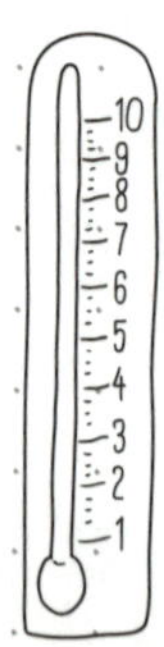

JEUDI

MOTIVATION

Je sens que je progresse !

Bonne nouvelle : les premières courbatures, celles de la remise en forme, sont finies ! Il vous en reste peut-être juste quelques-unes sur les pompes et les dips qui sollicitent les bras, en général le point faible des femmes. Votre corps s'est habitué au sport, vous avez renforcé toutes les zones. Maintenant, il faut intensifier. Mais vous savez déjà que vous en êtes capable !

TRAINING

Yoga renfo abdos-fessiers

Assise jambes tendues, le buste légèrement incliné vers l'arrière et les bras placés sous les épaules, poussez sur les paumes pour lever le bassin. Le corps doit être parfaitement aligné. Cette posture de planche inversée étire le haut du corps et renforce les bras, les hanches, les fessiers et le centre du corps. À faire 3 × 30 s.

FEEL GOOD

Ma boisson énergie spécial vitamine C

Ajoutez le jus d'1 pamplemousse, d'1 citron et la pulpe d'1 fruit de la passion dans une bouteille remplie d'eau. Vous pouvez également mettre la pulpe.

FOOD

Energy balls (pour 5 balls)

Mixez 80 g d'abricots secs moelleux avec 50 g de purée d'amandes sans sucre (magasin bio) et 50 g de flocons d'avoine. Laissez ce mélange au frais 1 h, puis formez 5 boules avec les mains. Roulez les boules dans 20 g d'amandes concassées. Une collation au top, avec de bons glucides et des protéines !

NOTES

-
-
-
-
-
-
-

MES TRACKERS

Repas équilibré

Portions raisonnables

Motivation

MON JOURNAL DE TRAINING

Comment j'ai réussi ma séance ? (ressenti musculaire, difficultés...)

Évaluez votre réussite en coloriant le thermomètre.

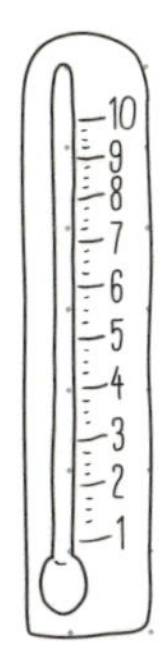

VENDREDI

TRAINING

Circuit full body + abs

Renforcement musculaire

- 30 fentes arrière alternées + montée de genou
- 20 squats sumo + fente croisée alternée
- 12 superman + pompe

Abdominaux

- 30 inclinaisons + rotation de buste
- 45 s de planche latérale de chaque côté
- 5 stomach vacuum

1 à 2 min de récup' entre chaque tour (selon votre niveau p. 8), plus si besoin.

MOTIVATION

Je n'ai pas réussi à tenir jusqu'au bout… Interdit de culpabiliser ou de déprimer ! C'est le meilleur moyen pour abandonner. Ne vous sentez jamais en échec. Il n'existe pas de mauvais entraînement, sauf celui que vous ne faites pas. Les mauvais jours arrivent à tout le monde ! Promettez-vous juste de revenir plus forte. Au prochain training, vous tiendrez jusqu'au bout !

FEEL GOOD

Massage antidouleurs

Chaque fois que vous mobilisez de nouveaux muscles, d'une façon différente ou avec plus d'intensité, elles sont de retour, même après 3 semaines ! L'automassage vous soulagera. Placez une balle de tennis sur la zone concernée, appuyez-vous contre une surface (mur ou sol) et effectuez des mouvements circulaires.

FOOD

Trifle au granola

À déguster avant votre séance pour vous donner de l'énergie ! Dans un grand verre, versez 1 c. à s. de miel, couvrez d'une couche de fromage blanc, puis d'une couche de granola maison (voir p. 80), une couche de fromage blanc, puis de granola. Parsemez de quelques fruits coupés et de graines de courge grillées.

MES TRACKERS

Repas équilibré	☐☐☐☐☐☐☐☐ ☺
Portions raisonnables	☐☐☐☐☐☐☐☐ ☺
Motivation	☐☐☐☐☐☐☐☐ ☺

NOTES

-
-
-
-
-
-
-

MON JOURNAL DE TRAINING

Comment j'ai réussi ma séance ? (ressenti musculaire, difficultés…)

Évaluez votre réussite en coloriant le thermomètre.

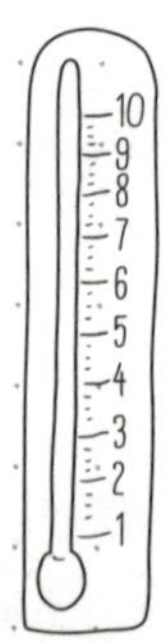

SAMEDI

MOTIVATION

J'ai besoin de repos aujourd'hui

Se reposer est bon pour le training. Vos muscles doivent récupérer 48 h minimum avant d'être sollicités de nouveau et, de manière générale, vous devez avoir au moins 2 jours de récupération dans la semaine, au risque de vous épuiser et de ne plus progresser. Sans compter que le surentraînement est le meilleur moyen de vous écœurer. Allez-y petit à petit. Le retard pris au début sera vite rattrapé.

FEEL GOOD

Le top 5 des plantes pour bien dormir

1. La griffonia, qui atténue les tensions.
2. La valériane, calmante.
3. La passiflore, calmante et sédative.
4. Le millepertuis, qui régule l'équilibre émotionnel et les troubles du sommeil.
5. La camomille, relaxante et qui déclenche le sommeil.

TRAINING

Étirement de la colonne vertébrale

Placez-vous debout devant une table, les bras croisés. Ramenez les bras sur la table, le buste parallèle au sol. Allongez le dos sur la longueur. Tenez la posture 30 s. Cela étire tout le dos et l'arrière des épaules.
À faire 3 fois.

FOOD

Chili veggie (pour 4)

Faites revenir 1 oignon rouge émincé dans une cocotte avec de l'huile d'olive, ajoutez 1 courgette et 1 carotte en morceaux. Lorsqu'ils sont cuits, versez 1 boîte de maïs, 400 g de haricots rouges et 800 g de tomates pelées. Salez, poivrez, ajoutez du paprika et du piment. Versez un peu d'eau dans la préparation pour lier et laissez cuire 10-20 min. Parsemez de cheddar veggie râpé.

NOTES

- ______
- ______
- ______
- ______
- ______
- ______
- ______

MES TRACKERS

Repas équilibré ☐☐☐☐☐☐☐☐

Portions raisonnables ☐☐☐☐☐☐☐☐

Motivation ☐☐☐☐☐☐☐☐

MON JOURNAL DE TRAINING

Comment j'ai réussi ma séance ? (ressenti musculaire, difficultés…)

....

....

....

....

....

Évaluez votre réussite en coloriant le thermomètre.

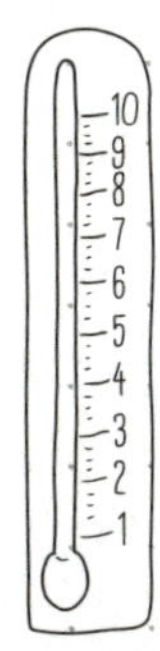

DIMANCHE

TRAINING

Endurance training

Cette semaine, on augmente un tout petit peu le rythme sur le running ! Pratiquez 45 min minimum à 55 % de votre fréquence cardiaque maximum. Par rapport à la dernière fois, vous augmentez légèrement l'intensité de votre effort.

MOTIVATION

Je me sens un peu low…

À la fin de la 4e semaine, la fatigue commence à peser. Reposez-vous : ce n'est pas une perte de temps, mais un tremplin pour revenir plus forte ! Passez du temps en famille ou entre amis, faites de gros câlins ! Ces moments chaleureux déclenchent la sécrétion d'hormones du bien-être. Rien de mieux pour vous rebooster !

FOOD

Les protéines végétales

Le tofu, à base de soja, est l'alternative la plus connue aux protéines animales. Ses protéines sont de bonne qualité et facilement assimilées par l'organisme. Le seitan, à base de farine de blé ou d'épeautre, est le plus riche en protéines, avec une teneur raisonnable en glucides et faible en lipides. Le tempeh, à base de graines de soja fermenté, est riche en protéines (19 g aux 100 g, contre 8 g pour le tofu) et en fibres.

FEEL GOOD

Ma séance détente sur Swissball®

Assise sur un Swissball®, inspirez, à l'expiration poussez le pubis vers le nombril et déroulez la colonne autour du ballon en avançant les pieds. Une fois vos omoplates sur le ballon, stabilisez votre position et étirez les abdos, relâchez le buste et la tête en emmenant les bras au sol en arrière.

MES TRACKERS

Repas équilibré ☐☐☐☐☐☐☐☐ ☺

Portions raisonnables ☐☐☐☐☐☐☐☐ ☺

Motivation ☐☐☐☐☐☐☐☐ ☺

NOTES

-
-
-
-
-
-
-

MON JOURNAL DE TRAINING

Comment j'ai réussi ma séance ? (ressenti musculaire, difficultés…)

. . . .

. . . .

. . . .

. . . .

. . . .

Évaluez votre réussite en coloriant le thermomètre.

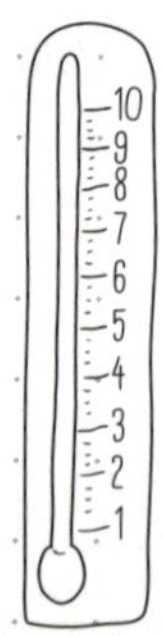

Mon bilan de la semaine 4

Mes victoires	Mes petits échecs	Niveau bien-être, comment je me suis sentie ?

Comment je me suis sentie sur les séances ?

Coloriez ce diagramme bâton selon votre ressenti de difficulté par type de séance (séance bas du corps, haut du corps, full body ou abdos) :

	BAS DU CORPS	HAUT DU CORPS	FULL BODY	ABDOS
Dur, impossible même !				
Dur, mais je me suis dépassée				
Dur, mais ça passe				
J'ai géré				
J'ai réussi facilement				

Comment j'ai réussi mon rééquilibrage alimentaire ? PEUT MIEUX FAIRE ! ☆ ☆ ☆ ☆ ☆ ☆ ☆ ☆ ☆ ☆ AU TOP !

Ce qui m'a aidée à mieux gérer	Ce qui a été compliqué	Ce que je peux faire la semaine prochaine pour progresser :

Bravo, vous êtes venue à bout du 1er mois ! Vous sentez que vous avez gagné en force dans la sangle abdominale, les bras, les cuisses. Votre corps commence à se dessiner, vous êtes tonifiée ! Il se peut que vous soyez fatiguée et que vous ressentiez quelques petits coups de mou. Reposez-vous bien (un jour de plus si nécessaire) et utilisez les astuces bien-être pour vous booster au besoin. Cette semaine de transition avec des exercices combinés pour augmenter le rythme cardiaque vous prépare au 2e mois, le mois brûle-graisse. *Let's go !*

Bilan du mois 1 : tonifier le body !

Ma check list

- ☐ Je suis régulière sur ma pratique et je n'ai zappé aucun training.
- ☐ Je réussis à tenir mes séances jusqu'au bout.
- ☐ Je connais les placements des exercices et je maîtrise la coordination sur les exercices combinés.
- ☐ J'ai un bon ressenti, je sais contracter mes muscles pour créer le mouvement et être plus efficace.
- ☐ Je gagne en force sur le haut du corps comme sur le bas et la sangle abdominale.
- ☐ Je fais tous mes trainings cardio du dimanche, et je suis de plus en plus à l'aise !
- ☐ Je mange équilibré et en juste quantité au quotidien.
- ☐ Je mange de bonnes protéines (surtout végétales).
- ☐ Je parviens à limiter les cheat meals (2 par semaine max).
- ☐ Je prends soin de mon corps avec des exercices de yoga et de stretch toutes les semaines.

Résultat : .... / 10

Mon score

En dessous de 5/10 : ce premier mois n'a pas été évident pour vous, c'était beaucoup d'habitudes à changer en peu de temps. Parfois, vous avez abandonné devant la difficulté et zappé la séance ou arrêté avant la fin… Mais vous voyez certainement quelques résultats tout de même. Alors reboostez-vous ! Prenez un peu plus de temps sur cette première étape : vous serez plus à l'aise pour passer à la suite et, cette fois, vous cocherez toutes les cases !

Entre 6 et 8/10 : pas mal ! Vous n'êtes peut-être pas encore à l'aise à 100 % et avez deux ou trois points à améliorer, mais cela peut se mettre en place durant le deuxième mois. Gardez en tête ces objectifs non cochés et assurez-vous qu'ils le seront à la fin du deuxième mois. Un petit coup de boost pour rattraper votre retard, et vous serez au top !

Au-dessus de 8/10 : vous êtes ultra motivée, et vos efforts paient déjà ! Training, food, lifestyle, vous vous êtes donnée à fond. Bravo ! Votre objectif sera d'aller encore plus loin le mois prochain, visez toujours plus haut !

Ce dont je suis le plus fière

....
....
....
....
....

Mes atouts

....
....
....
....
....
....

Mon bien-être

Globalement, sur le mois, avez-vous bien pratiqué vos séances feel good ? Elles sont le petit plus qui va booster votre amincissement et sublimer votre corps pour le bikini day ! Ne les négligez pas pour obtenir un max de résultats ! Coloriez selon votre satisfaction.

Énergie ☐☐☐☐☐☐☐☐☐☐ ☺

Beauté/anticellulite ☐☐☐☐☐☐☐☐☐☐ ☺

Détente ☐☐☐☐☐☐☐☐☐☐ ☺

Mandala motivation

Coloriez la case du jour selon la légende. Étiez-vous motivée ou plutôt le moral dans les chaussettes et toute molle en training? Vous dessinez ainsi l'atmosphère de votre programme et votre réussite!

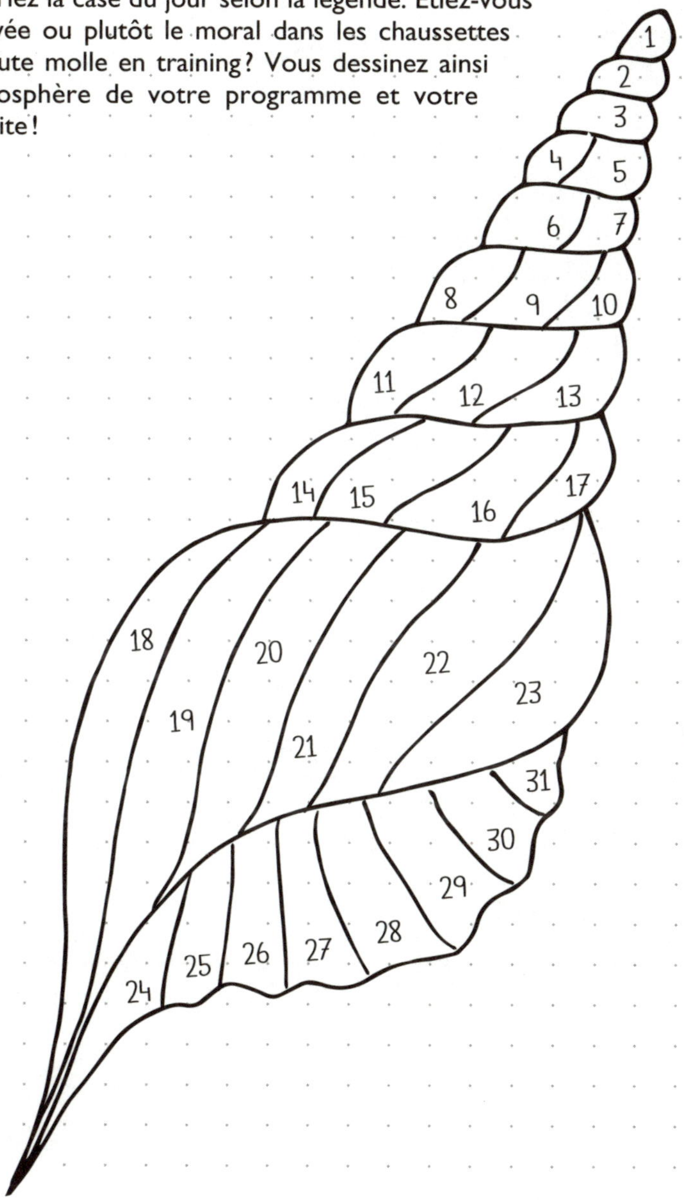

Fière de ma séance.

Satisfaite de ma séance !

Pas hyper satisfaite, je ferai mieux demain.

Pas du tout satisfaite.

MES NOTES

Mois 2

Objectif

dessiner le body !

C'est le moment de lancer sérieusement le plan minceur. À présent que vous avez réveillé votre corps et vos muscles, que vous vous sentez plus sûre de vous et que vous vous êtes familiarisée avec les exercices, vous allez pouvoir mettre le booster. Le mois précédent, vous vous êtes tonifiée, votre corps est un peu plus ferme et aussi plus réactif. À partir de maintenant, vous allez commencer à mincir. Objectif : développer votre cardio.

Le cardio, c'est quoi ?

Le fitness met en œuvre plusieurs types d'exercices. La majorité sont des exercices de renforcement musculaire, ceux qui musclent, pour galber votre corps. Ce sont ceux que vous avez expérimentés. D'autres exercices, de cardio, font travailler le système cardio-vasculaire. On les reconnaît à l'essoufflement qu'ils provoquent très rapidement. Ce sont souvent des exercices à impact, où l'on vous demande de sauter, de vous baisser puis de vous relever, bref, de bouger très rapidement. Cela peut aussi être une façon de s'entraîner : en enchaînant des exercices sans récupérer ou en faisant vos répétitions avec dynamisme, vous ajoutez une dimension cardio dans votre entraînement renfo.

En mode calories killer !

L'intérêt ? Le cardio est le champion de la dépense énergétique, donc de la perte de graisse ! Les entraînements de type cardio accélèrent votre métabolisme et donc brûlent plus de calories. On peut travailler le cardio seul, avec des entraînements comme le running, le cycling, etc. Mais alors on ne pourrait pas cibler la zone à amincir, la perte de poids serait globale. En vous sculptant *via* le renforcement musculaire et en ajoutant aux exercices une dimension cardio, vous obtiendrez de meilleurs résultats. C'est le combo idéal pour mincir vite et bien !

Mixer cardio et renfo dans un cardio-training brûle beaucoup plus d'énergie. Cela permet d'enclencher une combustion des graisses qui dure même après la fin de votre training, contrairement à une simple activité cardio à intensité basse à moyenne, qui ne brûle plus aucune graisse une fois la séance terminée. Cette demande d'énergie élevée oblige le métabolisme basal à augmenter. Et plus le métabolisme est élevé, plus le body fat baisse, pour une même activité physique et une même alimentation.

Plan d'action training

Pour la phase 2, vous allez continuer sur votre lancée : des séances renfo auxquelles on ajoute une dimension cardio. Exécuté en circuit, ce training assure une intensité maximale en un minimum de temps. Les exercices s'enchaînent sans pause, ce qui conserve le muscle contracté, afin de le fatiguer davantage et de le faire travailler plus. Les exercices sont souvent polyarticulaires (ils travaillent plusieurs muscles en même temps), ce qui demande plus d'oxygène et contribue ainsi à donner un caractère cardio au training. L'intensité varie de semaine en semaine pour toujours surprendre vos muscles et, ainsi, les forcer à s'adapter et vous permettre de progresser.

Au programme : tous les lundis sont consacrés au bas du corps + abdos, tous les mercredis au haut du corps + abdos, tous les vendredis à une séance full body + abdos.

Profil 1 : si vous êtes une bikini girl débutante…

Ce qui va être dur… Le côté plus intense de ces séances peut vous mettre à bout de souffle. Vous expérimentez une nouvelle façon de vous entraîner. Même si, à la fin du 1er mois, votre condition est bien meilleure, vous manquez encore un peu de cardio. Si, durant les premières séances, vous sentez que le cardio peut vite être un frein, prenez le temps d'exécuter les exercices.

Le conseil perso

Quitte à faire moins de répétitions, soufflez 2-3 secondes entre chaque exercice, mais n'abandonnez surtout pas ! C'est dans la difficulté que l'on s'améliore.

Le plan training

Effectuez 2 à 3 tours du circuit du jour.

Profil 2 : si vous êtes une bikini girl intermédiaire

Ce qui va être dur… Le cardio, vous gérez... plus ou moins. L'exercice en plus à chaque séance va être un vrai défi pour vous. Sans compter l'intensité cardio, les séances sont plus dures ! Votre mental sera durement mis à l'épreuve.

Le conseil perso

Si vous avez du mal à tenir la durée de la séance, soufflez 2-3 secondes entre les exercices pour récupérer et ne pas abandonner. Sur les dernières séances, challengez-vous et cherchez à faire un max de répétitions sur 30 secondes. Travailler dans sa zone rouge permet toujours d'atteindre plus rapidement son objectif et d'avancer.

Le plan training

Effectuez 3 à 4 tours du circuit du jour.

Profil 3 : si vous êtes une bikini girl confirmée

Ce qui va être dur… C'est le niveau d'intensité en augmentation. Le côté cardio va choquer le corps les premières séances. Mais votre mental et votre condition physique vont vite reprendre le dessus.

Le conseil perso

Pour progresser au maximum, allez plus loin à chaque séance : augmentez le nombre de répétitions et les charges.

Le plan training

Effectuez 4 à 5 tours du circuit du jour.

Côté charges, ce mois-ci, vous augmentez un peu le poids de vos haltères : de 1 à 3 kg selon votre niveau !

Mes exos renfo

En plus des exercices déjà vus dans la phase précédente, vous ferez :

Comment faire les exercices combinés ?
Ce mois-ci, pour solliciter le coeur, vous devrez enchaîner les combinés. Par exemple sur une fente + montée de genou, profitez de l'élan de la fente pour faire votre montée de genou sur la remontée.

Plan d'action food : je trie les glucides

Ce mois-ci, pour performer, vous allez avoir besoin de beaucoup d'énergie ! Pour cela, misez sur les bons glucides, l'énergie du corps.

Je fais attention à l'indice glycémique

Les bons glucides sont les glucides à IG modéré ou bas. Les sucreries ont souvent un IG élevé. Les glucides à IG bas et modéré, eux, sont diffusés plus lentement dans le sang. Ils élèvent donc peu la glycémie mais fournissent au corps de l'énergie en continu : bon point pour le training, le corps tient alors plus longtemps l'effort.

Je mange de bons glucides pour perdre du poids

L'autre bon point, c'est que les glucides à IG modéré ou bas permettent le déstockage. En effet, le corps ne peut pas stocker et déstocker en même temps. Or les IG haut l'obligent à mettre en stock pour faire baisser la glycémie, bloquant le déstockage !

> Le problème des aliments à IG haut, dont les sucreries, c'est que le pic glycémique qu'ils provoquent est suivi d'une hypoglycémie. En bref : d'une fringale ! Manger du sucre appelle le sucre. Pire, le sucre a un effet addictif sur le corps aussi fort que la drogue, c'est prouvé par des études.

Un aliment a un IG élevé quand il est assimilé très rapidement, car ses nutriments passent d'un coup dans le sang et créent ce pic glycémique. Plus un aliment est facile à digérer, plus votre glycémie augmentera rapidement ! Par exemple, une portion de riz à cuisson rapide a un IG de 85, contrairement au riz sauvage qui a un IG de 35. Pour éviter de stocker les graisses, vous devez maintenir un niveau d'insuline bas pour garder une glycémie basse. Avec une alimentation à faible teneur en glucides, le training cible très efficacement les graisses, et principalement les graisses abdominales.

Comment manger IG bas ?

Vous n'avez pas besoin d'apprendre les tables complètes des IG si vous souhaitez perdre du poids. Si vous optez des aliments frais et non transformés et qu'ils sont cuits à la vapeur, *al dente*, ou crus, vous serez sûre à 99 % des cas que l'indice glycémique de ces aliments est bas. En effet, les plats préparés contiennent souvent du sucre, les céréales raffinées ont un indice élevé car elles sont débarrassées des fibres qui ralentissent l'assimilation. De la même façon, les aliments crus ou *al dente* sont digérés moins rapidement, ce qui réduit leur IG.
Misez sur les légumes, les légumineuses, les céréales complètes ou semi-complètes (riz sauvage, riz basmati complet), les fruits, le tofu, les patates douces, les aliments à base de sarrasin, de seigle…

Le top des IG hauts

- Sirop de glucose (100)
- Pain blanc (90)
- Purée de pommes de terre (85)
- Riz blanc cuisson rapide (85)
- Pastèque (75)
- Sodas (75)

Le top des IG bas

- Avocat (10)
- Oléagineux (15)
- Tofu (15)
- Chocolat noir (+ de 85 % de cacao) (20)
- Riz sauvage (35)
- Yaourt (35)

Pour consulter un tableau des IG, le site de la diététicienne Marie-Laure André : https://www.passionnutrition.com/ig-bas-cest-quoi/tableaux-des-ig/

Les produits sans sucre, c'est bien ?

Les édulcorants ne sont pas une solution. Ils entretiennent votre goût pour les produits sucrés, et vous aurez toujours autant envie de biscuits et de sucreries. Par ailleurs, les édulcorants de synthèse sont suspectés d'être mauvais pour la santé et créent quand même un pic glycémique pour la plupart, ce qui vous fait grossir. Mieux vaut des sucres naturels, et en petite quantité !

Top des sucres naturels à IG bas

- Sucre de bouleau (8)
- Fructose (20)
- Sirop d'agave (20)
- Sucre de fleur de coco (35)
- Miel d'acacia (35)

La juste quantité de sucre : 25 g par jour

Selon l'OMS, la juste quantité de sucre ajouté (caché ou non) à consommer par jour serait de 25 g. On l'atteint très vite ! C'est 1 verre de soda, 6 c. à s. de ketchup, 2 bols de céréales chocolatées, 5 carrés de chocolat au lait… Alors vous pouvez vous faire plaisir avec des sucreries, mais très peu !

Plan d'action beauty : je dégomme la cellulite

À présent que vous allez mettre le turbo sur la minceur avec votre training cardio, vous allez pouvoir peaufiner votre amincissement avec des techniques de beauté et de bien-être. Votre ennemi ce mois-ci : la cellulite !

La cellulite, c'est quoi ?

Ce phénomène est lié aux hormones féminines (les œstrogènes) mais aussi à une mauvaise alimentation. Les cellules graisseuses situées sous la peau stockent les graisses et prennent du volume. Du coup, la circulation de la lymphe fonctionne moins bien, comprimée par les adipocytes, elle n'assure plus ses fonctions d'élimination des déchets de l'organisme. Résultat ? Stockage des toxines et d'eau sous la peau ! Il existe plusieurs sortes de cellulite (adipeuse, aqueuse ou fibreuse liées à la graisse, à la rétention d'eau ou au durcissement du collagène), mais dans tous les cas le plan pour s'en débarrasser passe par 3 actions.

Le plan pour s'en débarrasser

Faire attention aux glucides

Les glucides à IG haut participent à la prise de poids et évidemment au stockage dans les cellules sous-cutanées sous forme de cellulite. Ça tombe bien, pour performer dans cette phase vous avez justement besoin de trier les glucides pour ne garder que les bons, ceux qui donnent de l'énergie sans se stocker !

Booster la circulation

Les zones bien nettoyées par le système lymphatique sont moins impactées par la cellulite. Booster le système lymphatique et drainer les toxines agit donc sur la cellulite. Ce mois-ci, vous pourrez poursuivre les massages, mais dans un but de drainage. Le sport améliore aussi la circulation sanguine, ce qui aide à la détoxification et à l'éradication de la cellulite ! Le training est un redoutable tenseur de la peau !

Déstresser !

Des études ont démontré que le stress est responsable en partie de la prise de poids. En effet, en période de stress, la sécrétion du peptide Y2, un acide aminé favorisant le stockage des graisses dans les cellules adipeuses du ventre, augmente ! L'alimentation joue beaucoup également : lorsqu'on est stressée, on a tendance à manger davantage, en particulier des aliments qui « nourrissent » la cellulite (sucres et graisses industriels, alcool…). C'est pourquoi vous aurez des séances et des techniques antistress tout au long de ce mois ! Sachant que le sport permet aussi de réguler la sécrétion du cortisol, vous avez le combo magique pour dire : bye bye cellulite !

Mon tracker calories burner

Reportez vos objectifs personnels dans ce tableau et coloriez la case du jour si vous avez tenu vos objectifs training & food.

	1	2	3	4	5	6	7	8	9	10	11	12

Objectif atteint !

Objectif presque atteint

Objectif non atteint

13	14	15	16	17	18	19	20	21	22	23	24	25	26	27	28	29	30	31

Semaine 5

MON AGENDA

Organisez vos trainings et votre nutrition cette semaine.

Notez :

– Vos séances de training et de stretching.
– Vos menus.
– Les invitations (votre cheat meal de la semaine).
– Vos rendez-vous et obligations.
– Vos séances cocooning & beauty before beach !

LUNDI

Menus

Courses

MARDI

Menus

Courses

Menus

Courses

MERCREDI

Menus

Courses

JEUDI

VENDREDI

Menus

Courses

SAMEDI

Menus

Courses

Menus

Courses

DIMANCHE

NOTES

MON MEAL PREP

Anticipez la préparation de vos plats, prévoyez vos découpes et vos cuissons. C'est la clé pour manger maison sans se prendre la tête !

Je prépare pour

(plat)

Je prépare pour

(plat)

LUNDI

TRAINING

Circuit bas du corps + abs

- 30 s de squats jump
- 30 s de squats sumo en extension de mollets
- 30 s de fentes unilatérales avec le pied arrière relevé de chaque côté
- 30 s de chaise contre un mur

- 30 mountain climbers
- 30 relevés de jambes
- 20 spider planks alternés
- 15 gainage ciseaux de chaque côté

1 à 2 min de récup' entre chaque tour (selon votre niveau p. 8), plus si besoin.

FOOD

Les sucres cachés

Le sucre est partout dans notre alimentation, même salée. Chaque jour, nous consommons plus de 100 g de sucre alors qu'on devrait se contenter de 50 g ! Ces sucres cachés se trouvent dans tous les produits industriels (pizza, pain de mie, jambon, légumes en conserve, les 0 %...). Pour les éviter, cuisinez maison !

MOTIVATION

J'ai la rage !

C'est la 2e phase, le training monte en puissance. Pour tenir vos séances, un des secrets est de s'appuyer sur une vision positive du passé (réussites), du présent (de bonnes conditions) et du futur (votre objectif). Bref, votre réussite sur la 1re étape et votre objectif bien déterminé sont les clés pour ne jamais abandonner !

FEEL GOOD

La Cellu-cup®

Cette simple ventouse en silicone reproduit le palper-rouler à domicile. Sur la peau huilée, posez la Cellu-cup® et pressez-la pour obtenir cet effet « ventouse » qui pince la peau. Glissez-la horizontalement du bas vers le haut, puis verticalement 4 min. Poursuivez avec des mouvements de S de haut en bas 3-4 min. Insistez sur les zones plus chargées.

MES TRACKERS

Repas équilibré

Portions raisonnables

Motivation

NOTES

MON JOURNAL DE TRAINING

Comment j'ai réussi ma séance ? (ressenti musculaire, difficultés...)

Évaluez votre réussite en coloriant le thermomètre.

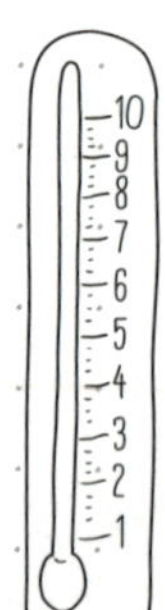

MARDI

MOTIVATION

Je crois en moi

Nouveau mois, nouvelle confiance ! Comme votre programme, vos capacités évoluent, et vos croyances aussi ! Désormais, vous savez que vous êtes capable de terminer une séance, de tenir bon… Quelles sont vos croyances boostantes pour performer ce mois-ci ? *Je suis parfaitement capable de… / Je vais réussir à… / Je suis une boss pour…*

FEEL GOOD

Le potassium anticellulite

Le potassium active le drainage lymphatique et décongestionne les capitons. Il est présent dans les bananes, les endives, les fruits secs et la levure de bière que vous pouvez saupoudrer sur vos soupes et salades.

FOOD

Le thé vert

Le thé vert est bourré d'antioxydants (10 fois plus que le thé noir), qui aident à combattre le vieillissement du corps, mais aussi à brûler les graisses. Ses tanins réduisent l'absorption des graisses. Drainant, il facilite l'élimination de l'eau et aide à lutter contre la cellulite. D'après certaines études, il accélère la perte de poids. Buvez-en 1 à 3 tasses par jour.

TRAINING

Yoga lower body

En planche, amenez le pied droit entre vos mains, redressez le buste (le pied arrière s'ouvre vers l'extérieur, jambe arrière tendue, jambe avant fléchie). Ouvrez les bras en croix, devant-derrière. Regardez votre main avant, bien droite, abdos engagés et hanches ouvertes. Cela renforce et tonifie les mollets, l'intérieur des cuisses et la ceinture abdo en profondeur.
À faire 3 × 30 s.

NOTES

-
-
-
-
-
-
-

MES TRACKERS

Repas équilibré

Portions raisonnables

Motivation

MON JOURNAL DE TRAINING

Comment j'ai réussi ma séance ? (ressenti musculaire, difficultés…)

Évaluez votre réussite en coloriant le thermomètre.

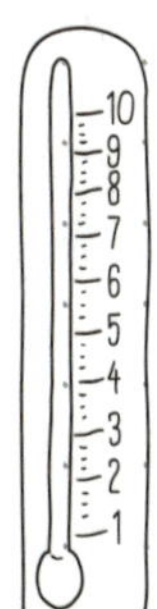

MERCREDI

TRAINING

Circuit haut du corps + abs

- 30 s de développés militaires
- 30 s d'oiseau
- 30 s d'élévations latérales
- 30 s d'extensions triceps

- 50 inclinaisons de buste
- 50 rotations de buste
- 30 s de gainage latéral de chaque côté
- 1 min de gainage

1 à 2 min de récup' entre chaque tour (selon votre niveau p. 8), plus si besoin.

FOOD

Salade de pennes de lentilles corail, carotte et thon (pour 1)

Mélangez 100 g de penne de lentilles corail cuits, 1 carotte râpée et 1 petite boîte de thon nature (ou 100 g de seitan en version veggie). Mélangez 1 c. à s. de fromage blanc, le jus d'1 citron et du poivre, versez sur les pâtes. Parsemez de ciboulette ciselée.

MOTIVATION

Je n'ai pas assez de souffle !

Ce mois est plus cardio, c'est normal que vous ayez la sensation de manquer de souffle. Pas de panique. Quand vous atteignez vos limites, ralentissez le rythme : prenez plus de temps pour pratiquer l'exercice, soufflez pour mieux repartir plutôt qu'arrêter. Ne lâchez pas, ça ira de mieux en mieux !

FEEL GOOD

Boire un thé, c'est feel good

Si boire un thé est un moment cocooning, ce n'est pas par hasard. Le thé a des effets apaisants sur l'organisme : il contient un acide aminé (L-théanine) qui réduit le stress (surtout le thé vert). Augmentez l'effet feel good en le savourant par petites gorgées, concentrée sur ses saveurs. C'est une technique de méditation de pleine conscience.

MES TRACKERS

Repas équilibré ☐☐☐☐☐☐☐☐ ☺

Portions raisonnables ☐☐☐☐☐☐☐☐ ☺

Motivation ☐☐☐☐☐☐☐☐ ☺

NOTES

- ______
- ______
- ______
- ______
- ______
- ______
- ______

MON JOURNAL DE TRAINING

Comment j'ai réussi ma séance ? (ressenti musculaire, difficultés…)

....

....

....

....

....

Évaluez votre réussite en coloriant le thermomètre.

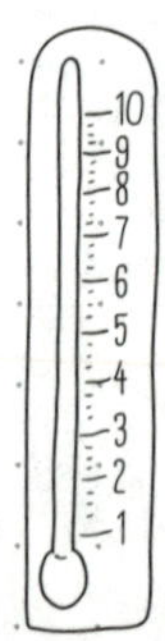

JEUDI

FEEL GOOD

Morning rituel

Au réveil, prenez le temps de vous étirer dans votre lit. Allongée sur le dos, grandissez-vous. Poussez les bras vers l'extérieur en projetant les paumes de main le plus loin possible. Ramenez vos genoux l'un après l'autre vers la poitrine, et dans cette position basculez en avant et en arrière plusieurs fois avant de sortir du lit.

FOOD

L'ananas, c'est ventre plat !

L'ananas est un véritable allié santé et minceur. Riche en broméline, une enzyme qui « digère » les grosses protéines, l'ananas stimule vivement la digestion et l'activité de l'intestin. Or, une bonne digestion est synonyme de ventre plat ! De plus, la broméline dégrade les protéines fermes emprisonnant les cellules graisseuses, la peau deviendra donc plus souple. L'ananas est aussi diurétique et détoxifiant.

TRAINING

Stretching dos

Placez-vous à genoux. Faites glisser les mains au sol loin devant de façon à amener le front au sol. Cherchez à opposer votre coccyx au sommet de votre crâne pour allonger la colonne le plus possible. Cela étire le dos tout entier. À faire 5 × 30 s.

MOTIVATION

J'ai beaucoup de mal sur le cardio ! Ne vous découragez pas ! Quand vous n'en pouvez plus, réduisez la durée de l'exercice. Vous l'augmenterez semaine après semaine, par tranche de 5 s par exemple, pour arriver à la durée prévue. Cela vous permet une remise à niveau progressive.

NOTES

-
-
-
-
-
-
-

MES TRACKERS

Repas équilibré	☐☐☐☐☐☐☐☐ ☺
Portions raisonnables	☐☐☐☐☐☐☐☐ ☺
Motivation	☐☐☐☐☐☐☐☐ ☺

MON JOURNAL DE TRAINING

Comment j'ai réussi ma séance ? (ressenti musculaire, difficultés…)

....

....

....

....

....

Évaluez votre réussite en coloriant le thermomètre.

VENDREDI

TRAINING

Circuit full body + abs

- 30 s de squats + développé militaire sur la remontée
- 30 s de fentes montées sur banc + élévations latérales de bras de chaque côté
- 30 s de planche latérale de chaque côté
- 30 s de superman

- 30 relevés de jambes
- 20 mountain climbers lents
- 30 s de gainage sur une jambe et un bras de chaque côté
- 20 spider planks alternés

1 à 2 min de récup' entre chaque tour (selon votre niveau p. 8), plus si besoin.

FOOD

Les nouvelles céréales

Manger IG bas n'est pas monotone ! Testez le boulgour (une semoule de blé ancien), le quinoa ou l'amarante (des graines incas), l'orge, l'épeautre (céréale proche du blé), le kamut (un autre blé ancien), le teff ou le fonio (céréales africaines). En plat chaud ou en salade avec des légumes et des légumineuses.

FEEL GOOD

Respiration relax

Allongée, dos bien en contact au sol, mains sur le ventre, prenez une profonde inspiration par le nez, puis expirez par la bouche lentement. Ressentez l'air qui pénètre dans vos poumons en même temps que votre ventre se gonfle, puis l'air qui est chassé lentement quand votre ventre se creuse.

MOTIVATION

Je suis tentée de zapper ma séance… Garder votre motivation au top est déjà difficile, alors si en plus vous devez faire face à des imprévus, la fatigue…, dur de tenir vos résolutions ! Organisez-vous au max avec les pages de planning hebdo. Et mettez en place des stratégies : listez les contretemps qui pourraient vous empêcher de vous entraîner et imaginez des solutions.

MES TRACKERS

Repas équilibré

Portions raisonnables

Motivation

NOTES

•

•

•

•

•

•

•

MON JOURNAL DE TRAINING

Comment j'ai réussi ma séance ? (ressenti musculaire, difficultés…)

....

....

....

....

....

Évaluez votre réussite en coloriant le thermomètre.

10 9 8 7 6 5 4 3 2 1

SAMEDI

FEEL GOOD

En mode détente

Le cerveau a tendance à associer formes, matières et couleurs à des états émotionnels. Chez vous, adoptez le mode détente en mettant des vêtements doux, confortables et d'une couleur qui vous apaise dès que vous rentrez le soir. Relaxez-vous !

TRAINING

Stomach vacuum

Pratiquez l'exercice debout contre un mur. Inspirez, expirez en aspirant fortement le ventre. À chaque répétition supplémentaire, votre nombril et votre ventre doivent être plus aspirés vers le mur. Faites 5 reps.

FOOD

HE anti-envie de sucre

1. Cannelle de Ceylan : régule les émotions et bloque nos envies de sucre et de grignotage.
2. Pamplemousse : favorise l'impression de satiété après avoir mangé.
3. Mandarine : antistress, aide à maîtriser ses pulsions salées ou sucrées.

MOTIVATION

Je veux booster mes résultats !

Le programme est conçu pour tonifier votre silhouette en ciblant spécialement le ventre, pour un joli effet en bikini. Mais si vous souhaitez booster le booty et les cuisses, rajoutez une séance lower body un jour de récup' (mais pas après la séance lower body afin de ne pas solliciter les mêmes groupes musculaires 2 jours de suite).

NOTES

-
-
-
-
-
-
-

MES TRACKERS

Repas équilibré

Portions raisonnables

Motivation

MON JOURNAL DE TRAINING

Comment j'ai réussi ma séance ? (ressenti musculaire, difficultés…)

Évaluez votre réussite en coloriant le thermomètre.

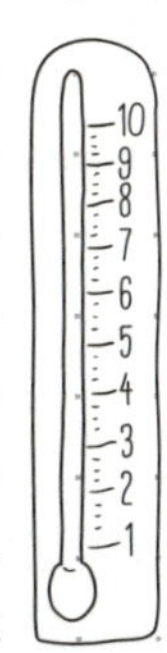

DIMANCHE

TRAINING

Endurance training

Il fait beau ? Faites une sortie vélo comme séance d'endurance ! 45 min minimum à intensité modérée mais plus élevée que la dernière fois : 55 % de la FC max ! On se challenge un peu plus et on brûle plus de graisses !

FOOD

L'astuce minceur : manger des céréales complètes

Plus une céréale est riche en fibres, plus elle est susceptible d'avoir un IG bas. Le quinoa (35), le riz basmati complet (40) ou les pâtes complètes (45) ont un IG bas. Ces céréales complètes permettent une diffusion lente et progressive du glucose dans le sang et provoquent un phénomène de satiété.

FEEL GOOD

Top des HE antistress

1. Camomille romaine : antistress, appliquée sur la région du torse avant ou après un épisode stressant.
2. Ylang-ylang : anxiolytique, apaise et détend. À diffuser ou mettre dans un bain.
3. Mandarine : très efficace contre les angoisses, l'insomnie, le stress et l'agitation en général. À inhaler sur un mouchoir.

MOTIVATION

Allez, je me dépasse ! Lorsqu'on veut évoluer, il faut se dépasser. Des points de repère peuvent vous indiquer si vous êtes à la bonne intensité : si le rythme cardiaque s'accélère, que vous pouvez à peine parler et parvenez pourtant à finir vos séries, c'est bon. Les dernières reps sont très difficiles, mais c'est là que le travail est intéressant ! Bienvenue dans votre zone rouge !

MES TRACKERS

Repas équilibré

Portions raisonnables

Motivation

NOTES

•

•

•

•

•

•

•

MON JOURNAL DE TRAINING

Comment j'ai réussi ma séance ? (ressenti musculaire, difficultés…)

Évaluez votre réussite en coloriant le thermomètre.

10 9 8 7 6 5 4 3 2 1

Mon bilan de la semaine 5

Mes victoires	Mes petits échecs	Niveau bien-être, comment je me suis sentie ?

Comment je me suis sentie sur les séances ?

Coloriez ce diagramme bâton selon votre ressenti de difficulté par type de séance (séance bas du corps, haut du corps, full body ou abdos) :

	BAS DU CORPS	HAUT DU CORPS	FULL BODY	ABDOS
Dur, impossible même !				
Dur, mais je me suis dépassée				
Dur, mais ça passe				
J'ai géré				
J'ai réussi facilement				

Comment j'ai réussi mon rééquilibrage alimentaire ? PEUT MIEUX FAIRE ! ☆ ☆ ☆ ☆ ☆ ☆ ☆ ☆ ☆ ☆ AU TOP !

Ce qui m'a aidée à mieux gérer	Ce qui a été compliqué	Ce que je peux faire la semaine prochaine pour progresser :

Cette semaine déménageait ! Le changement de rythme peut surprendre, voire déstabiliser niveau motivation. *No worries !* Tout comme vos muscles se sont développés, il faut laisser du temps à votre cœur pour se muscler. Cela peut être frustrant de se retrouver en difficulté à nouveau… ou cela peut être challenging ! Si vous avez envie de stopper avant la fin de la série ou du training, n'hésitez pas à utiliser les options faciles données au long de la semaine. Tout sauf abandonner !

Semaine 6

Mon agenda

Organisez vos trainings et votre nutrition cette semaine.

Notez :

– Vos séances de training et de stretching.
– Vos menus.
– Les invitations (votre cheat meal de la semaine).
– Vos rendez-vous et obligations.
– Vos séances cocooning & beauty before beach !

LUNDI

Menus

Courses

MARDI

Menus

Courses

Menus

Courses

MERCREDI

Menus

Courses

JEUDI

VENDREDI

Menus

Courses

SAMEDI

Menus

Courses

Menus

Courses

DIMANCHE

NOTES

MON MEAL PREP

Anticipez la préparation de vos plats, prévoyez vos découpes et vos cuissons. C'est la clé pour manger maison sans se prendre la tête !

	Je prépare pour .... (plat)	
	Je prépare pour .... (plat)	

LUNDI

TRAINING

Circuit bas du corps + abs

- 30 s de squats avec déplacement (ouverture-fermeture de jambes)
- 30 s de fentes alternées + kick sur la remontée de la jambe arrière
- 30 s de squats avec déplacement latéral
- 30 s de talons-fesses dynamiques

- 50 rotations de buste
- 30 relevés de jambes
- 30 mountain climbers dynamiques
- 30 s de planche latérale de chaque côté

1 à 2 min de récup' entre chaque tour (selon votre niveau p. 8), plus si besoin.

FEEL GOOD

Brumiser de l'eau florale sur le visage, ça détend !

C'est un acte beauté, les eaux florales ont des vertus pour la peau, et relax ! La sensation de gouttelettes sur votre visage et l'odeur de fleurs sont tellement agréables que ça vous ramène directement à vos sensations. Exit le stress !

MOTIVATION

C'est lundi, je me remotive !

3 boosteurs de motivation : ce qu'on gagne à atteindre l'objectif, ce qu'on ressentira (fierté, confiance, estime) et les liens que ça crée : peut-être que vous rencontrerez des fit-partners, que vous pourrez vous entraîner avec votre amoureux et qu'il sera fier de vous.

FOOD

Go sur les glucides des fruits et légumes !

Les fruits et légumes sont riches en fibres, vitamines, antioxydants, qui luttent contre le stress de l'effort physique sur les muscles. Ils contribuent à la réhydratation. 2 à 3 par jour, ils sont les alliés des fit-girls grâce à leur fructose. Attention néanmoins aux fruits et légumes à IG haut (banane mûre, betterave et carotte cuite, pastèque, melon, navet et céleri-rave cuits).

MES TRACKERS

Repas équilibré

Portions raisonnables

Motivation

NOTES

MON JOURNAL DE TRAINING

Comment j'ai réussi ma séance ? (ressenti musculaire, difficultés…)

Évaluez votre réussite en coloriant le thermomètre.

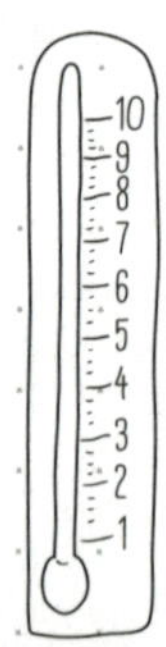

MARDI

FEEL GOOD

Mon evening routine relax

Préparez vos affaires pour le lendemain, prévoyez ce que vous prendrez au petit déjeuner, les vêtements que vous porterez : ça vous permet au réveil d'avoir l'esprit plus léger, de gagner du temps et de déstresser !

TRAINING

Stomach vacuum

Allongez-vous au sol en plaçant vos jambes sur une chaise, les fesses au niveau des pieds de chaise pour relaxer l'intérieur et l'avant de la cuisse, qui ont tendance à se crisper durant l'exercice. Pratiquez : inspirez, puis expirez en aspirant de plus en plus loin votre ventre. Faites 5 reps.

FOOD

Rituel minceur jus de citron

Buvez de l'eau citronnée (détox, le citron stimule la production de bile) à jeun pour vous hydrater dès le réveil, idéal pour mettre l'organisme en route. Bon à savoir : une eau trop chaude tue les vitamines, et si elle est trop froide, l'estomac les rejette car elle passe trop vite dans l'intestin.

MOTIVATION

Je me fais plaisir pour entretenir la motivation

Renouvelez régulièrement votre matériel et offrez-vous une tenue de fitness de temps en temps pour vous motiver. Vous serez reboostée pour les séances à venir ! Profitez des soldes et réductions sur les sites spécialisés en vêtements de sport, c'est l'occasion idéale pour se faire plaisir à moindre coût.

NOTES

-
-
-
-
-
-
-

MES TRACKERS

Repas équilibré										
Portions raisonnables										
Motivation										

MON JOURNAL DE TRAINING

Comment j'ai réussi ma séance ? (ressenti musculaire, difficultés…)

Évaluez votre réussite en coloriant le thermomètre.

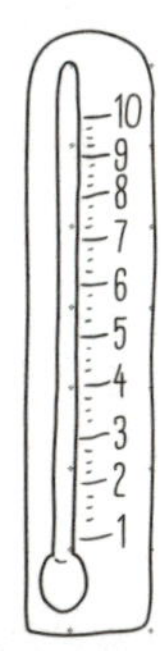

MERCREDI

TRAINING

Circuit haut du corps + abs

- 30 s d'élévations de bras avant + latérale + arrière
- 30 s de développés militaires
- 30 s de biceps prise marteau
- 30 s de pompes commando

- 20 gainage ciseaux de chaque côté
- 20 spider planks alternées
- 50 inclinaisons de buste
- 50 rotations de buste

1 à 2 min de récup' entre chaque tour (selon votre niveau p. 8), plus si besoin.

FEEL GOOD

Le massage, c'est anticellulite !

Un massage anticellulite doit être adapté à la zone concernée et consiste souvent en un palper-rouler doux. Comme pour le sport, la régularité fait l'efficacité. Choisissez donc un produit de massage (ou une crème anticellulite) plutôt gras, pour vous obliger à bien masser avant l'absorption. Si vous êtes un peu flemmarde, vous pouvez adopter les petits accessoires à palper-rouler.

MOTIVATION

J'ai du mal sur le haut du corps...

Même si votre force a augmenté, vous vous sentez limitée sur le nombre de répétitions jambes tendues pour les pompes ? Posez les genoux au sol et faites-en un max, ça fera monter le cardio encore plus. Sinon challengez-vous sur un max de reps jambes tendues !

FOOD

Salade de pâtes & légumes crus (pour 1)

Faites cuire *al dente* 100 g de pâtes. Dans une poêle huilée, faites revenir 4 tomates cerises coupées en deux, ½ courgette et ¼ de poivron jaune en dés, 15 min. Disposez les légumes sur les pâtes, décorez de 5 pousses d'épinards. Pour la sauce, mélangez 1 c. à c. d'huile d'olive, 1 c. à s. de jus de citron et du poivre.

MES TRACKERS

Repas équilibré

Portions raisonnables

Motivation

NOTES

-
-
-
-
-
-
-

MON JOURNAL DE TRAINING

Comment j'ai réussi ma séance ? (ressenti musculaire, difficultés...)

Évaluez votre réussite en coloriant le thermomètre.

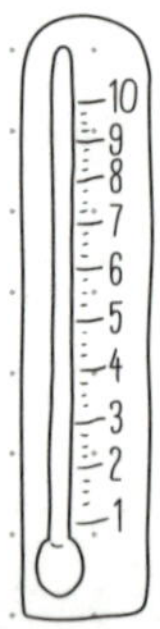

JEUDI

FOOD

Le chocolat, c'est IG bas et bon pour la récup'

Le chocolat (minimum 70 % de cacao) a un IG de 25, ce qui est relativement bas. Il est riche en magnésium, phosphore et fibres, parfait pour une bonne récupération musculaire. C'est aussi l'un des aliments les plus riches en antioxydants. Bref, que du bonheur !

FEEL GOOD

Top des plantes relaxantes

1. Le millepertuis combat l'anxiété et l'irritabilité et atténue le stress.
2. La passiflore traite les spasmes nerveux, lutte contre l'anxiété et diminue la nervosité et l'angoisse.
3. La mélisse combat les troubles du système nerveux, a un effet sédatif et relaxant.

TRAINING

Stomach vacuum

Pratiquez de nouveau debout, contre un mur, en creusant à chaque expiration un peu plus le ventre.
Faites 6 répétitions cette fois.
Terminez par un massage circulaire (du bas vers le haut) du ventre avec un mélange d'huile d'amande douce + 2 gouttes d'huile essentielle de mandarine (anticellulite et drainante).

MOTIVATION

Je ne me sens pas à l'aise en ce moment…

Pour réussir une séance, il faut être dans de bonnes conditions, concentrée et sereine. Avez-vous un espace dédié à votre training, un endroit où on ne vous dérange pas ? Ou peut-être avez-vous l'esprit ailleurs ? Dans ce cas, faites bien votre échauffement pour vous mettre en condition et reposez-vous pour être dispose.

NOTES

- ____
- ____
- ____
- ____
- ____
- ____
- ____

MES TRACKERS

Repas équilibré									
Portions raisonnables									
Motivation									

MON JOURNAL DE TRAINING

Comment j'ai réussi ma séance ? (ressenti musculaire, difficultés…)

....

....

....

....

....

Évaluez votre réussite en coloriant le thermomètre.

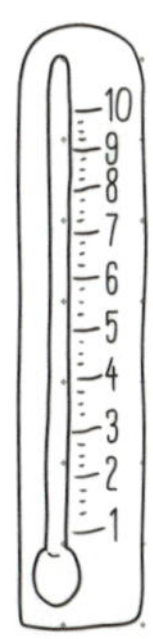

VENDREDI

TRAINING

Circuit full body + abs

- 30 s de fentes sautées alternées
- 30 s de squats petite amplitude
- 30 s de levés de bassin + barre au front
- 30 s de pompes

- 50 inclinaisons de buste
- 1 min de gainage
- 20 mountain climbers lents
- 30 relevés de jambes

1 à 2 min de récup' entre chaque tour (selon votre niveau p. 8), plus si besoin.

FEEL GOOD

Acupression minceur

Pour combattre le stress, vous détendre et mincir, stimulez le point situé entre votre pouce et votre index, au niveau du creux : formez une pince avec le pouce et l'index de l'autre main et massez 3 min. Vous observerez une baisse du stress et des tensions.

MOTIVATION

Trop à faire, je décale ma séance…

Pas le temps entre les sorties, les envies et les obligations ? Organisez vos priorités, classez-les, et à partir d'aujourd'hui focalisez-vous uniquement sur votre top objectif : votre training. Oubliez tous les autres pour l'instant, vous les reprendrez une fois votre programme terminé et le sport intégré à votre routine, comme votre job.

FOOD

Top des aliments à CG bas

Il faut faire la différence entre l'indice glycémique, qui mesure la qualité des glucides, et leur densité dans les aliments : la charge glycémique. Si a un aliment a un IG et une CG hauts, c'est une bombe pour la ligne ! Les aliments à IG élevé mais à faible CG ont un impact moins grave. C'est le cas du melon, de la pastèque, du céleri cuit… Vous pouvez en consommer en toute bonne conscience !

MES TRACKERS

Repas équilibré

Portions raisonnables

Motivation

NOTES

MON JOURNAL DE TRAINING

Comment j'ai réussi ma séance ? (ressenti musculaire, difficultés…)

Évaluez votre réussite en coloriant le thermomètre.

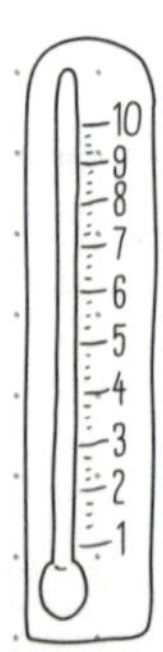

SAMEDI

FEEL GOOD

Bain relax

Prenez un bon bain de gros sel afin de vous débarrasser des tensions de la journée. En plus d'être relaxant, le sel préserve l'élasticité des tissus et contribue au bon fonctionnement des muscles et des nerfs. Vous ressortirez tonique, les jambes légères et zen ! Dans un bain chaud, jetez quelques poignées avant d'y entrer.

FOOD

Love banana au petit déj !

Fruit du sportif par excellence, la banane est riche en potassium, nutriment qui aide à contracter les muscles, donc à exécuter le mouvement, et à synthétiser les protéines. Riche en glucides, elle donne de l'énergie. Faites un banana boat : sur 1 banane fendue en deux, tartinez de la purée d'amandes ou du tahin, parsemez de fruits, de graines et de copeaux de chocolat noir.

TRAINING

Yoga stretch

Faites le guerrier I ! En planche, amenez le pied droit entre les mains et redressez le buste. La jambe arrière tendue et la jambe avant à 90e, levez les mains en l'air, épaules basses, hanches de face et abdos engagés. Cette posture améliore l'équilibre, étire le buste, les poumons, les hanches, les cuisses… À faire 3 × 30 s.

MOTIVATION

À quoi bon… Vous avez zappé la séance d'hier et êtes prête à tout abandonner ? C'est un phénomène bien connu après avoir dérogé une fois à ses résolutions (le *what the hell effect*). Mais cela transforme une petite erreur en grosse erreur ! Rattrapez-vous plutôt le lendemain : la culpabilité sera remplacée par la fierté !

NOTES

-
-
-
-
-
-
-

MES TRACKERS

Repas équilibré	☐☐☐☐☐☐☐☐ ☺
Portions raisonnables	☐☐☐☐☐☐☐☐ ☺
Motivation	☐☐☐☐☐☐☐☐ ☺

MON JOURNAL DE TRAINING

Comment j'ai réussi ma séance ? (ressenti musculaire, difficultés…)

- -

- -

- -

- -

- -

Évaluez votre réussite en coloriant le thermomètre.

10 9 8 7 6 5 4 3 2 1

DIMANCHE

TRAINING

Endurance training

L'endurance (ou cardio LISS) ne puise majoritairement dans les graisses que si le rythme est compris entre 50 et 65 % de votre FCM. Alors sortez votre maillot de bain et filez à la piscine pour 45 min minimum de nage à 55 % de votre FC max !

FEEL GOOD

Le top des postures de yoga anticellulite

1. Le demi-pont : dynamisant sur les reins et les glandes surrénales responsables de l'élimination des déchets de l'organisme.
2. La chaise : redynamise la circulation sanguine et tonifie le bas du corps, effet tenseur assuré !
3. L'aigle : raffermissant sur les hanches, le ventre et les cuisses. En les contractant, il améliore le système lymphatique.

MOTIVATION

Je me félicite !

C'est le moment de vous remercier de cette semaine. La gratitude est un vrai outil de motivation. Portez votre attention sur toutes les petites raisons d'être satisfaite pour prendre conscience de vos réussites. Vous pouvez rédiger une liste commençant par « Merci pour… » ou dessiner vos 5 gratitudes de la semaine (un haltère + « Réussi à m'entraîner avec 2 kg »).

FOOD

Patates douces et carottes rôties aux épices (pour 2)

Préchauffez le four à 230 °C. Pelez et coupez en fins bâtonnets 400 g de patates douces et 4 carottes, enrobez-les de 2 c. à s. d'huile d'olive, 2 c. à s. de paprika, 1 pincée de piment de Cayenne, du sel et du poivre. Étalez sur une plaque recouverte de papier sulfurisé et enfournez pour 30 à 40 min.

MES TRACKERS

Repas équilibré

Portions raisonnables

Motivation

NOTES

•

•

•

•

•

•

•

MON JOURNAL DE TRAINING

Comment j'ai réussi ma séance ? (ressenti musculaire, difficultés…)

Évaluez votre réussite en coloriant le thermomètre.

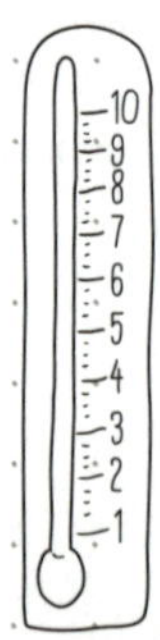

Mon bilan de la semaine 6

Mes victoires

Mes petits échecs

Niveau bien-être, comment je me suis sentie ?

Comment je me suis sentie sur les séances ?

Coloriez ce diagramme bâton selon votre ressenti de difficulté par type de séance (séance bas du corps, haut du corps, full body ou abdos) :

	BAS DU CORPS	HAUT DU CORPS	FULL BODY	ABDOS
Dur, impossible même !				
Dur, mais je me suis dépassée				
Dur, mais ça passe				
J'ai géré				
J'ai réussi facilement				

Comment j'ai réussi mon rééquilibrage alimentaire ? PEUT MIEUX FAIRE ! ☆ ☆ ☆ ☆ ☆ ☆ ☆ ☆ ☆ ☆ AU TOP !

Ce qui m'a aidée à mieux gérer

Ce qui a été compliqué

Ce que je peux faire la semaine prochaine pour progresser :

Cette semaine, vous commencez à gérer le cardio. Pour autant, vous avez continué à progresser avec de nouveaux exercices (fentes sautées, pompes commando, montées de genoux…), parfait pour choquer le corps et le forcer à progresser encore. La semaine s'est intensifiée sur le haut du corps, mais vous pouvez choisir les options plus faciles, tant que le cardio continue de travailler. Et si tout va bien, augmentez le rythme pour booster le cardio !

Semaine 7

Mon agenda

Organisez vos trainings et votre nutrition cette semaine.

Notez :

– Vos séances de training et de stretching.
– Vos menus.
– Les invitations (votre cheat meal de la semaine).
– Vos rendez-vous et obligations.
– Vos séances cocooning & beauty before beach!

LUNDI

Menus

Courses

MARDI

Menus

Courses

MERCREDI

Menus

Courses

JEUDI

Menus

Courses

VENDREDI

Menus

Courses

SAMEDI

Menus

Courses

Menus

Courses

DIMANCHE

NOTES

Mon meal prep

Anticipez la préparation de vos plats, prévoyez vos découpes et vos cuissons. C'est la clé pour manger maison sans se prendre la tête !

Je prépare pour

....

(plat)

Je prépare pour

....

(plat)

LUNDI

TRAINING

Circuit bas du corps + abs

- 30 s de chaise contre un mur
- 30 s de montées de genoux dynamiques
- 30 s de battements de jambes alternés
- 30 s de sauts

- 12 spider planks unilatérales de chaque côté
- 40 planches latérales de chaque côté
- 30 relevés de jambes
- 40 mountain climbers dynamiques

1 à 2 min de récup' entre chaque tour (selon votre niveau p. 8), plus si besoin.

FOOD

Idée menu dîner

- Gaspacho de tomates
- 1 omelette ou 100 g de tofu fumé
- Purée de pois cassés
- Pêche

MOTIVATION

C'est lundi, je positive !

Pour vous motiver et positiver, testez la psychologie positive. Au lieu d'essayer de modifier vos petits défauts, la psychologie positive booste vos qualités. Listez vos qualités en training et tentez de les pousser encore plus loin aujourd'hui. Peut-être même que ça vous donnera la motivation pour vous challenger sur vos points faibles !

FEEL GOOD

Body scan détente

Allongez-vous. Fermez les yeux. Commencez votre scan par la tête : focalisez votre attention sur le cuir chevelu, le visage, tentez de ressentir chaque centimètre de peau. Puis descendez sur la nuque, les trapèzes, les épaules, les bras, les mains, le dos, la poitrine, le ventre, le bas du dos (zone lombaire), et finissez par les jambes et les pieds. Chaque fois que vous tombez sur une zone tendue, cherchez à la relâcher avec de grandes respirations profondes.

MES TRACKERS

Repas équilibré

Portions raisonnables

Motivation

NOTES

MON JOURNAL DE TRAINING

Comment j'ai réussi ma séance ? (ressenti musculaire, difficultés…)

Évaluez votre réussite en coloriant le thermomètre.

10 9 8 7 6 5 4 3 2 1

MARDI

FEEL GOOD

Massage anticellulite avec un gant loofah

Humidifiez-le et adaptez vos gestes aux parties du corps : des mouvements circulaires depuis le bas pour remonter progressivement jusqu'au ventre pour stimuler la circulation sanguine et le drainage lymphatique. Pour les fesses, des mouvements vers le haut à la verticale. N'oubliez pas d'hydrater votre peau à la fin !

TRAINING

Yoga stretch upper body

Faites le guerrier au soleil : en guerrier 2 (p. 115), placez la main gauche sur votre cuisse gauche et penchez le buste en arrière. Tendez le bras droit vers le plafond et regardez-le, épaules basses. Cette posture tonifie les jambes, le ventre, le dos tout en ouvrant la poitrine. À faire 3 × 30 s.

FOOD

Sucre & stress

L'arrêt du sucre va momentanément impacter votre humeur. Vous pourriez vous sentir irritable, stressée… Mais une fois sevrée, vous serez plus positive grâce à l'énergie retrouvée avec les bons glucides. En attendant, mangez des oléagineux : leurs lipides améliorent la neurotransmission et ainsi l'humeur.

MOTIVATION

Je m'inspire

Suivez des sportives pour vous inspirer, mais n'oubliez pas que le fitness est leur métier, qu'elles passent leurs journées entre la salle de sport et la cuisine, et que la plupart des photos sont retouchées. Être obnubilée par leurs corps parfaits peut être frustrant. Il est impossible de devenir Michelle Lewin ou Paige Hathaway en 1 mois… Mais embellir son corps, oui !

NOTES

-
-
-
-
-
-
-

MES TRACKERS

Repas équilibré

Portions raisonnables

Motivation

MON JOURNAL DE TRAINING

Comment j'ai réussi ma séance ? (ressenti musculaire, difficultés…)

Évaluez votre réussite en coloriant le thermomètre.

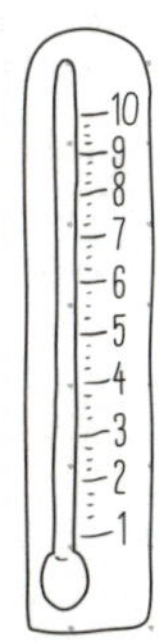

MERCREDI

TRAINING

Circuit haut du corps + abs

- 30 s de rotations de bras
- 30 s d'extensions triceps
- 30 s de pompes
- 30 s de dips

- 60 rotations de buste
- 60 inclinaisons de buste
- 20 spider planks
- 30 relevés de jambes

1 à 2 min de récup' entre chaque tour (selon votre niveau p. 8), plus si besoin.

MOTIVATION

Je me sens trop fatiguée pour faire ma séance aujourd'hui…

En plus d'enterrer la motivation, la fatigue nerveuse se répercute sur votre corps et vous ne parvenez plus à faire une séance correcte. Pour éviter d'en arriver là, apprenez à vous reposer. Le tip : évaluez chaque jour sur 10 votre niveau de fatigue. Au-delà de 5, reposez-vous. Vous serez toujours au top et motivée pour vos trainings !

FEEL GOOD

Réflexologie plantaire antistress

Huilez légèrement vos mains avec de l'huile de sésame (décontractante et apaisante) et frottez chaque pied 1 min. Puis, avec le pouce, durant 5 min, appuyez et relâchez la zone réflexe du pied associée au plexus solaire (centre du pied, aux ¾ de la hauteur du pied), de manière lente et profonde.

FOOD

Manger du riz et des pâtes, c'est autorisé !

Ce sont de bons glucides, à condition de choisir des glucides de qualité et à IG bas, comme le riz basmati complet, le riz sauvage, les pâtes complètes ou au sarrasin. La cuisson doit toujours être assez courte (*al dente*) pour garder l'IG bas : plus une céréale est raffinée et cuite longtemps, plus l'IG est haut.

MES TRACKERS

Repas équilibré								
Portions raisonnables								
Motivation								

NOTES

-
-
-
-
-
-
-

MON JOURNAL DE TRAINING

Comment j'ai réussi ma séance ? (ressenti musculaire, difficultés…)

Évaluez votre réussite en coloriant le thermomètre.

10 9 8 7 6 5 4 3 2 1

JEUDI

FEEL GOOD

La food anticellulite

Limitez le sel (il crée de la rétention d'eau), réduisez ou éliminez les sucres industriels (ils activent le stockage des graisses sous forme de cellulite), limitez-vous à 1 ou 2 verres d'alcool le week-end (c'est plein de sucre), consommez des agrumes (la vitamine C est un anticellulite), buvez régulièrement tisanes et thé vert (ils éliminent les toxines et brûlent les graisses).

FOOD

Astuce minceur : manger les glucides froids

Pour baisser l'IG de vos repas, mangez froid. L'amidon des pommes de terre et des céréales se modifie en refroidissant. Les pommes de terre, les pâtes, le riz froids, en salade, ont donc un indice glycémique moins élevé que chauds !

TRAINING

Challenge 10 000 pas

Pour être active, il faut faire du sport ou au moins 10000 pas par jour, soit environ 30 min de marche. Si vous avez le temps, faites une marche rapide le matin ou le soir. Sinon, optimisez votre temps et marchez pour aller au bureau, à vos rendez-vous, pour faire les course… Aidez-vous des applis podomètres.

MOTIVATION

Je vois encore plus de résultats ! Autant au niveau de la condition physique que de la shape, les résultats se voient de plus en plus. Votre souffle et votre résistance musculaire s'améliorent de semaine en semaine, vous êtes au niveau côté renfo et cardio. Résultat : votre silhouette se dessine de plus en plus !

NOTES

-
-
-
-
-
-
-

MES TRACKERS

Repas équilibré									☺
Portions raisonnables									☺
Motivation									☺

MON JOURNAL DE TRAINING

Comment j'ai réussi ma séance ? (ressenti musculaire, difficultés…)

. . . .

. . . .

. . . .

. . . .

. . . .

Évaluez votre réussite en coloriant le thermomètre.

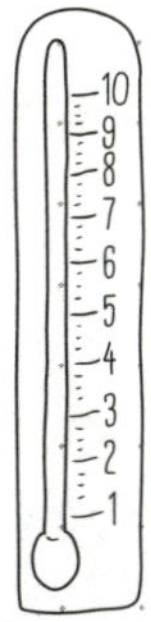

VENDREDI

TRAINING

Circuit full body + abs

- 30 s de biceps curls + fente arrière
- 30 s de chaise contre un mur + développés militaires
- 30 s de squats sumo petite amplitude
- 30 s de levés de bassin + montées de genou alternées

- 30 mountain climbers croisés lents
- 10 gainage sur une jambe et un pied de chaque côté
- 15 gainage ciseaux de chaque côté
- 1 min de gainage

1 à 2 min de récup' entre chaque tour (selon votre niveau p. 8), plus si besoin.

FEEL GOOD

Séance relax

Debout ou assise, inspirez par le nez et faites un cercle avec vos bras en les amenant au-dessus de la tête. Puis, en expirant par la bouche, relâchez les bras vers l'extérieur et le buste légèrement vers l'avant. Prenez le temps de savourer le relâchement…

FOOD

Salade de pommes de terre

Coupez 1 pomme de terre cuite en morceaux, ciselez 1 branche de persil, mélangez-les. Ajoutez 3-4 olives noires en rondelles. 1 c. à c. de vinaigre balsamique et 1 c. à c. d'huile d'olive.

MOTIVATION

Débordée, pas le temps pour ma séance aujourd'hui !

Vous n'avez jamais le temps ? Toujours débordée ? Est-ce que vous ne seriez pas trop perfectionniste, voulant toujours être parfaite, accepter toutes les invitations, histoire de plaire à tout le monde ? Faites les choses pour vous seule, vous trouverez du temps pour vous, pour votre training. Apprenez à dire non pour vous dégager du temps !

MES TRACKERS

Repas équilibré										☺
Portions raisonnables										☺
Motivation										☺

NOTES

•
•
•
•
•
•
•

MON JOURNAL DE TRAINING

Comment j'ai réussi ma séance ? (ressenti musculaire, difficultés…)

Évaluez votre réussite en coloriant le thermomètre.

SAMEDI

FEEL GOOD

Séance hammam

Profitez de ce samedi pour vous offrir une séance de hammam entre copines ! De quoi vous détendre, vous donner envie de vous occuper de votre corps et de suivre votre programme de façon encore plus assidue ! Emportez de l'huile d'argan pour vous en enduire et un gant loofah pour faire un gommage à l'intérieur !

FOOD

Smoothie énergie

Pour commencer le week-end, faites le plein de vitamines et d'antioxydants ! Dans le blender, mixez : 1-2 poignées d'épinards rincés + 1 banane + 1 orange + 1 tasse d'ananas + 1 poignée de bleuets + de l'eau. C'est prêt !

TRAINING

Stomach vacuum

Massez-vous d'abord avec le mélange huile d'amande douce + 2 gouttes d'huile essentielle de mandarine afin d'activer le système digestif et booster l'effet ventre plat de l'exercice. Puis pratiquez le stomach vacuum assise sur une chaise. Faites 6 reps.

MOTIVATION

Je vois la vie en rose

Aujourd'hui, profitez de l'assurance que vous gagnez training après training : portez un vêtement de la couleur qui, pour vous, représente la confiance. Ça fait plaisir et ça augmente le sentiment de confiance en soi !

NOTES

-
-
-
-
-
-
-

MES TRACKERS

Repas équilibré ☐☐☐☐☐☐☐☐ ☺

Portions raisonnables ☐☐☐☐☐☐☐☐ ☺

Motivation ☐☐☐☐☐☐☐☐ ☺

MON JOURNAL DE TRAINING

Comment j'ai réussi ma séance ? (ressenti musculaire, difficultés…)

. . . .

. . . .

. . . .

. . . .

. . . .

Évaluez votre réussite en coloriant le thermomètre.

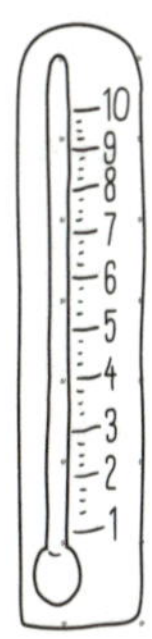

DIMANCHE

TRAINING

Endurance training

Nouvelle accélération : cette semaine, vous augmentez de 5 % supplémentaires l'intensité ! Le training : 45 min minimum à 60 % de votre FC max en running. À présent, l'endurance, vous gérez !

MOTIVATION

Je me félicite ! Bravo pour cette nouvelle semaine ! Pour vous féliciter, prévoyez une sortie avec vos amis. Le bienfait bonus : les relations sociales boostent la sécrétion d'endorphines, les hormones du bonheur, qui participent à la confiance en soi et à la motivation pour la semaine à venir !

FEEL GOOD

La chandelle contre le mur

Allongée sur le dos, placez vos jambes tendues contre un mur, les bras de chaque côté du corps, fesses collées au mur pour que les jambes soient bien à la verticale. Cette position relance le retour veineux et améliore la circulation de la lymphe, parfait pour une action anticellulite. Restez sur 5 grandes respirations profondes.

FOOD

Pancakes healthy vegan

Mélangez 250 g de farine de blé (complète de préférence), ½ sachet de levure chimique, 2 à 3 sachets de sucre de canne vanillé, 2 c. à s. de poudre d'amandes et 1 pincée de sel. Faites un puits et versez 40 cl de lait d'amande et 2 c. à s. d'huile. Fouettez jusqu'à obtention d'une pâte homogène et épaisse. Déposez un peu de pâte dans une poêle légèrement huilée et faites dorer les pancakes sur chaque face.

MES TRACKERS

Repas équilibré

Portions raisonnables

Motivation

NOTES

MON JOURNAL DE TRAINING

Comment j'ai réussi ma séance ? (ressenti musculaire, difficultés…)

Évaluez votre réussite en coloriant le thermomètre.

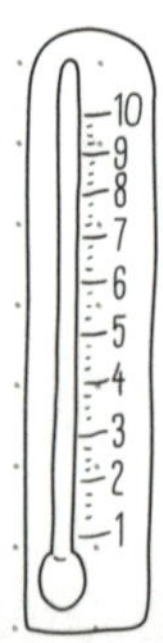

Mon bilan de la semaine 7

Mes victoires

Mes petits échecs

Niveau bien-être, comment je me suis sentie ?

Comment je me suis sentie sur les séances ?

Coloriez ce diagramme bâton selon votre ressenti de difficulté par type de séance (séance bas du corps, haut du corps, full body ou abdos) :

Dur, impossible même !

Dur, mais je me suis dépassée

Dur, mais ça passe

J'ai géré

J'ai réussi facilement

BAS DU CORPS | HAUT DU CORPS | FULL BODY | ABDOS

Comment j'ai réussi mon rééquilibrage alimentaire ? PEUT MIEUX FAIRE ! ☆ ☆ ☆ ☆ ☆ ☆ ☆ ☆ ☆ ☆ AU TOP !

Ce qui m'a aidée à mieux gérer

Ce qui a été compliqué

Ce que je peux faire la semaine prochaine pour progresser :

Cette semaine, le cardio était intense, un vrai coup de boost! Mais enfin, au bout de 3 semaines, vous êtes plus à l'aise avec le cardio et vous observez une évolution sur votre condition physique et votre shape. Parfait! Si ce n'est pas le cas, continuez d'augmenter progressivement le chrono et le nombre de reps. Si vous gérez facilement les séances, allez plus loin en vous challengeant sur les charges!

Semaine 8

Mon agenda

Organisez vos trainings et votre nutrition cette semaine.

Notez :
– Vos séances de training et de stretching.
– Vos menus.
– Les invitations (votre cheat meal de la semaine).
– Vos rendez-vous et obligations.
– Vos séances cocooning & beauty before beach !

LUNDI

Menus

Courses

MARDI

Menus

Courses

Menus

Courses

MERCREDI

Menus

Courses

JEUDI

VENDREDI

Menus

Courses

SAMEDI

Menus

Courses

Menus

Courses

DIMANCHE

NOTES

MON MEAL PREP

Anticipez la préparation de vos plats, prévoyez vos découpes et vos cuissons. C'est la clé pour manger maison sans se prendre la tête !

Je prépare pour

....

(plat)

Je prépare pour

....

(plat)

LUNDI

TRAINING

Circuit bas du corps + abs

- 30 s de squats déplacement (ouverture bras le long du corps et fermeture en élévation de bras devant)
- 30 s de chaise contre un mur + élévation de bras latérale
- 30 s de fentes montées sur banc alternées + développé militaire
- 30 s de jumping jacks

- 40 s de planche latérale de chaque côté
- 40 mountain climbers dynamiques
- 15 gainage ciseaux de chaque côté
- 12 spider planks unilatérales de chaque côté

1 à 2 min de récup' entre chaque tour (selon votre niveau p. 8), plus si besoin.

FOOD

Smoothie aux fruits

Dans un blender, mixez ¼ d'ananas + ½ banane + 1 pomme + de l'eau jusqu'à obtenir la texture souhaitée. Le plein d'énergie pour bien attaquer la semaine !

MOTIVATION

Je donne tout pour la dernière semaine du mois !

Finissez sur un exploit : dépassez-vous ! Vous avez dépassé la personne que vous étiez au début de ce programme, dépassez celle que vous étiez la semaine dernière. Faites un max de reps le plus vite possible, par exemple. Chaque séance est une nouvelle occasion de vous challenger.

FEEL GOOD

Rituel cool mind

Asseyez-vous en tailleur ou en diamant (les plantes de pied l'une contre l'autre) et le dos droit. Fermez les yeux et rappelez-vous le geste le plus émouvant que vous ayez reçu, revivez la scène 5 min. Vous pouvez également vous imaginer dans un endroit de rêve, imprégnez-vous de sa beauté. Hop, vous êtes détendue !

MES TRACKERS

Repas équilibré

Portions raisonnables

Motivation

NOTES

MON JOURNAL DE TRAINING

Comment j'ai réussi ma séance ? (ressenti musculaire, difficultés…)

Évaluez votre réussite en coloriant le thermomètre.

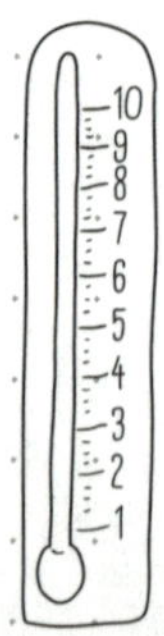

MARDI

MOTIVATION

J'ai besoin d'aide

Mon groupe Facebook « Entraide Fitness & Diet #bikiniavecsissy » réunit des milliers de jeunes femmes passionnées de fitness et d'alimentation healthy. Cela permet de se transmettre des recettes, d'échanger sur ses séances de sport, mais aussi sur ses doutes. Vous pourrez vous lancer des défis et vous soutenir tout au long du parcours.

FEEL GOOD

Massage drainant anticellulite

Masser en pétrissant favorise le drainage lymphatique, détend les muscles et rend la peau du ventre, des cuisses et des fesses plus lisse. Malaxez avec le bout des doigts (comme si vous pétrissiez une pâte) : pincez votre peau et effectuez des va-et-vient 15-20 min.

TRAINING

Challenge booty 2

Aujourd'hui, on se refait un challenge booty ? De nouveau, interdiction de prendre l'ascenseur. La variante : montez les escaliers deux par deux, et avec un bon rythme ! Cherchez à monter le plus d'escaliers possible. Appuyez bien dans le talon pour cibler les fesses, et sur la pointe de pied pour cibler les cuisses !

FOOD

La patate douce

Grâce à sa teneur élevée en fibres, la patate douce a un IG plus bas que la pomme de terre. C'est aussi une source d'antioxydants (vitamines A, C, bêta-carotène). Choisissez les plus foncées (chair orange et pourpre), elle contiennent le plus de carotène. Pour garder son IG bas, faites-la cuire au four ou à la poêle (IG 50).

NOTES

- ______
- ______
- ______
- ______
- ______
- ______
- ______

MES TRACKERS

Repas équilibré	☐☐☐☐☐☐☐☐ ☺
Portions raisonnables	☐☐☐☐☐☐☐☐ ☺
Motivation	☐☐☐☐☐☐☐☐ ☺

MON JOURNAL DE TRAINING

Comment j'ai réussi ma séance ? (ressenti musculaire, difficultés…)

....

....

....

....

....

Évaluez votre réussite en coloriant le thermomètre.

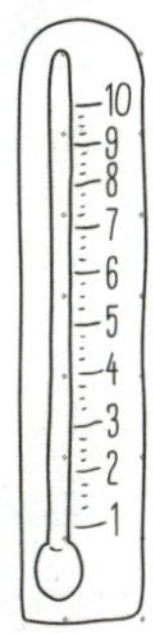

MERCREDI

TRAINING

Circuit haut du corps + abs

- 30 s de biceps prise marteau
- 30 s d'oiseau
- 30 s d'extensions triceps
- 30 s de burpees

- 30 relevés de jambes
- 10 gainage sur une jambe et un pied de chaque côté
- 60 rotations de buste
- 1 min de gainage

1 à 2 min de récup' entre chaque tour (selon votre niveau p. 8), plus si besoin.

FEEL GOOD

Je fais une cure de magnésium

Il agit contre le stress, l'anxiété et réduit la fatigue, permet de rééquilibrer le métabolisme énergétique et le fonctionnement psychique. Indispensable des fit-girls, il joue aussi un rôle dans la contraction musculaire. Vous le trouverez dans les lentilles, la banane, les amandes, le chocolat noir 70 %, les épinards, les eaux Contrex®, Badoit®… Ou en complément alimentaire (avec avis d'un professionnel de santé).

FOOD

Taboulé de lentilles aux poivrons (pour 4)

Faites cuire 150 g de lentilles 20 min. Coupez en dés 2 poivrons rouges, 2 oignons rouges et 2 tomates. Ciselez du persil. Égouttez les lentilles encore croquantes. Dans un saladier, mélangez le tout avec la sauce (le jus d'1 citron + 3 c. à s. d'huile d'olive + sel et poivre).

MOTIVATION

Trop dur de se motiver aujourd'hui…

Quand l'entraînement vous pèse comme une obligation, faites-en un moment privilégié pour vous-même. N'oubliez pas que vous le faites avant tout pour vous ! Dressez une liste des premiers résultats visibles et prévoyez une récompense à la fin de la séance. Ça remotive.

MES TRACKERS

Repas équilibré

Portions raisonnables

Motivation

NOTES

MON JOURNAL DE TRAINING

Comment j'ai réussi ma séance ? (ressenti musculaire, difficultés…)

Évaluez votre réussite en coloriant le thermomètre.

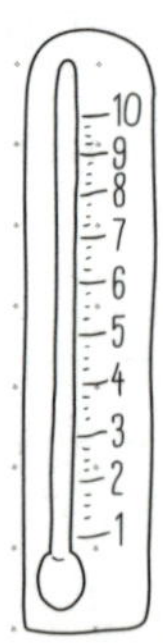

JEUDI

FEEL GOOD

Gommage anticellulite au marc de café

Mélangez 2 c. à s. de marc de café et 2 c. à s. d'huile de coco, puis appliquez la pâte sur une peau lavée et mouillée. Gommez doucement votre peau en insistant sur les zones les plus rugueuses. Rincez. Grâce à l'huile contenue dans le gommage, vous n'aurez pas besoin d'appliquer une crème hydratante après.

TRAINING

Pilates stretch upper body

Lever du cygne : allongée sur le ventre, inspirez sans gonfler le ventre, et à l'expiration décollez légèrement la poitrine du sol, bras en arrière et épaules basses, abdos engagés, en cherchant à aspirer le nombril vers la colonne. À faire 5 × 30 s.

MOTIVATION

Je me challenge

Vous avez l'impression de stagner ? Augmentez vos charges pour que les dernières répétitions soient plus dures. Sur les exercices au poids du corps et chronométrés, mettez plus de dynamisme pour faire le maximum de répétitions, cherchez sans cesse à travailler dans une zone inconfortable où votre fréquence cardiaque s'emballe !

FOOD

Le son d'avoine

Il a une haute teneur en protéines et en fibres (15 %). Une consommation au quotidien contribue à réduire la glycémie après un repas. Il favorise aussi la satiété, effet coupe-faim assuré ! Saupoudrez-en 2 c. à s. par jour dans vos salades, soupes, yaourts, compotes, smoothies…

NOTES

-
-
-
-
-
-
-

MES TRACKERS

Repas équilibré

Portions raisonnables

Motivation

MON JOURNAL DE TRAINING

Comment j'ai réussi ma séance ? (ressenti musculaire, difficultés…)

Évaluez votre réussite en coloriant le thermomètre.

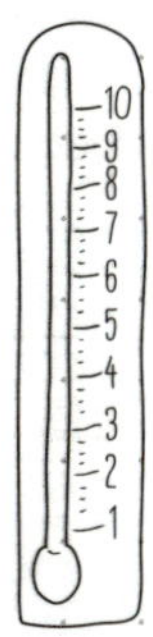

VENDREDI

TRAINING

Circuit full body + abs

- 30 s de fentes unilatérales de chaque côté pied arrière relevé + montée de genou de la jambe arrière sur le retour
- 30 s de squats + extension triceps (on monte les bras sur la remontée du squat)
- 30 s de fentes croisées arrière alternées + élévation latérale de bras
- 30 s de X hops

- 20 spider planks alternées
- 10 gainage ciseaux de chaque côté
- 30 mountain climbers croisés dynamiques
- 30 battements de jambes

1 à 2 min de récup' entre chaque tour (selon votre niveau p. 8), plus si besoin.

FEEL GOOD

Top 3 des plantes drainantes

1. La reine-des-prés : favorise l'élimination de la cellulite en améliorant la circulation sanguine et en nettoyant l'organisme.
2. Le café vert : déstocke et affine la silhouette.
3. Le guarana : brûle-graisse, anticellulite en plus d'être un stimulant pour l'organisme !

MOTIVATION

SOS, aujourd'hui, c'est trop dur !

Agissez comme si tout était possible, un entraînement facile, des exercices faciles. Terminez votre séance avec le sourire. Vous pouvez être fière de vous. Continuez à transpirer, à sourire et recommencez.

FOOD

Grande salade

Dans de fond d'une assiette, disposez des feuilles de laitue. Ajoutez ½ courgette et ½ pomme en dés, 4 à 5 tomates cerises et parsemez d'1 c. à c. de graine de chia. La sauce : 1 c. à c. de vinaigre de vin, 1 c. à s. d'huile d'olive, poivre et sel.

MES TRACKERS

Repas équilibré ☐☐☐☐☐☐☐☐ ☺

Portions raisonnables ☐☐☐☐☐☐☐☐ ☺

Motivation ☐☐☐☐☐☐☐☐ ☺

NOTES

-
-
-
-
-
-
-

MON JOURNAL DE TRAINING

Comment j'ai réussi ma séance ? (ressenti musculaire, difficultés…)

Évaluez votre réussite en coloriant le thermomètre.

1 2 3 4 5 6 7 8 9 10

SAMEDI

MOTIVATION

J'ai un petit coup de mou... Ça arrive, avec la fatigue et la difficulté sur certaines séances. Pour vous donner du courage, observez vos résultats : comparez vos photos avec celles du début, comparez votre shape, votre condition physique. Ça rebooste! *Never give up!*

TRAINING

Pilates stretch

Allongez-vous sur un Swissball, le dos étalé dessus des lombaires jusqu'à la tête. Étendez les bras de chaque côté et respirez profondément pour étendre votre dos et espacer toutes les vertèbres. Balancez-vous doucement dans cette posture pour vous détendre. Puis allongez-vous sur le ventre sur le ballon, respirez profondément pour espacer les vertèbres et restez ainsi quelques instants.

FOOD

Coupe de granola énergétique

Dans une coupe, placez 1 c. à s. de miel au fond, puis recouvrez de 100-150 g de fromage blanc avant d'ajouter le granola (p. 80) en topping. À déguster avant une séance de sport!

FEEL GOOD

En mode sunny!

Les beaux jours sont là. Profitez-en pour faire une balade et, pourquoi pas, repérer le parcours de la séance de demain. Le soleil est un excellent antistress, grâce aux endorphines, les molécules du bien-être, dont la sécrétion est stimulée lorsqu'on s'expose au soleil. Or le corps ne peut pas sécréter en même temps des hormones du bien-être et du stress. Alors misez sur le soleil et évacuez le stress!

NOTES

- ______
- ______
- ______
- ______
- ______
- ______
- ______

MES TRACKERS

Repas équilibré	☐☐☐☐☐☐☐☐
Portions raisonnables	☐☐☐☐☐☐☐☐
Motivation	☐☐☐☐☐☐☐☐

MON JOURNAL DE TRAINING

Comment j'ai réussi ma séance ? (ressenti musculaire, difficultés...)

....

....

....

....

....

Évaluez votre réussite en coloriant le thermomètre.

DIMANCHE

TRAINING

Endurance training

Votre challenge ce dimanche : tenir minimum 45 min à vélo pour puiser dans les graisses à 60 % de votre FC max. On ne s'endort pas, pédalez ! En plus, le vélo est anticellulite, les mouvements de jambes boostent la circulation !

FOOD

Petits muffins fondants

Dans un saladier, mélangez 7 cl d'huile, 200 g de sucre de canne, 130 g de compote de pommes, ½ sachet de levure chimique, 1 c. à s. de vinaigre et 1 c. à c. de bicarbonate. Puis ajoutez 260 g de farine complète et des pépites de chocolat. Une fois le mélange homogène, incorporez 10 cl de lait végétal et mélangez bien. Versez dans des moules en silicone et enfournez pour 25 min à 180 °C.

FEEL GOOD

La cellulite, ça se travaille toute l'année

La préparation au bikini est un entretien quotidien, car en s'attaquant agressivement à la cellulite quelques semaines avant l'été seulement, cela créera un effet yoyo : les cellules graisseuses stockeront encore plus après l'été. Bref, combattez-la toute l'année avec des massages, mais surtout avec une alimentation drainante et anti-rétention d'eau.

MOTIVATION

Je me félicite ! Bravo, you did it ! Vous avez tenu bon, ça fait 2 mois que vous vous entraînez sérieusement, vous devenez une vraie fit-girl ! Pour vous féliciter, offrez-vous du body love. Listez tout ce que vous aimez chez vous, que ce soit votre caractère, vos qualités ou votre corps ! Vous êtes au top !

MES TRACKERS

Repas équilibré

Portions raisonnables

Motivation

NOTES

•

•

•

•

•

•

•

MON JOURNAL DE TRAINING

Comment j'ai réussi ma séance ? (ressenti musculaire, difficultés…)

Évaluez votre réussite en coloriant le thermomètre.

10 9 8 7 6 5 4 3 2 1

Mon bilan de la semaine 8

Mes victoires	Mes petits échecs	Niveau bien-être, comment je me suis sentie ?

Comment je me suis sentie sur les séances ?

Coloriez ce diagramme bâton selon votre ressenti de difficulté par type de séance (séance bas du corps, haut du corps, full body ou abdos) :

	BAS DU CORPS	HAUT DU CORPS	FULL BODY	ABDOS
Dur, impossible même !				
Dur, mais je me suis dépassée				
Dur, mais ça passe				
J'ai géré				
J'ai réussi facilement				

Comment j'ai réussi mon rééquilibrage alimentaire ? PEUT MIEUX FAIRE ! ☆ ☆ ☆ ☆ ☆ ☆ ☆ ☆ ☆ ☆ AU TOP !

Ce qui m'a aidée à mieux gérer	Ce qui a été compliqué	Ce que je peux faire la semaine prochaine pour progresser :

Vous êtes arrivée au bout de ce 2e mois ! Vous avez perdu pas mal de poids, vos mensurations ont diminué, vous avez séché. Bravo ! Votre corps s'est transformé, le bikini body n'est plus très loin ! Niveau training, vous êtes une vraie fit-girl à présent. Cette semaine était encore plus intense, avec des exercices presque tous combinés pour booster le cardio. La fatigue peut plomber votre motivation, mais focalisez-vous sur les résultats pour affûter votre mental !

Bilan du mois 2 : dessiner le body !

Ma check list

- ☐ Je suis régulière sur ma pratique et je n'ai zappé aucun training.
- ☐ Je réussis à tenir mes séances jusqu'au bout.
- ☐ J'ai du souffle et je suis à l'aise sur le cardio.
- ☐ J'ai un bon ressenti sur les exercices.
- ☐ Je poursuis les trainings cardio du dimanche, et je suis toujours plus à l'aise !
- ☐ Je mange équilibré et en juste quantité au quotidien.
- ☐ Je limite les sucres simples et je ne grignote plus dès que j'ai un coup de stress ou que je m'ennuie.
- ☐ Je fais attention à avoir une alimentation à IG bas et à privilégier les céréales complètes.
- ☐ Je parviens à limiter les cheat meals (2 par semaine max).
- ☐ Je prends soin de mon corps avec des exercices de yoga et de stretch toutes les semaines.

Résultat : .... / 10

Mon score

En-dessous de 5/10 : l'augmentation de l'intensité vous a déstabilisée et fatiguée, vous avez peut-être zappé des séances et craqué sur les sucreries ou les aliments raffinés. Cette phase est difficile mais cruciale, et ce n'est pas grave de prendre plus de temps pour la maîtriser. Vous passerez à l'étape suivante quand vous serez à l'aise !

Entre 6 et 8/10 : vous êtes en train de devenir une vraie fitgirl ! Cette étape est cruciale, et vos efforts payent. Tout n'est pas encore parfait, mais vous y arriverez ! Passez à l'étape suivante si vous vous sentez prête, sinon poursuivez encore quelque temps sur cette phase : le mois 3 est le summum de l'intensité, mieux vaut être vraiment à l'aise pour se lancer.

Au-dessus de 8/10 : plus motivée que vous, ça n'existe pas ! Votre bikini body, vous le voulez ! Vous êtes méga-organisée, c'est comme si ce lifestyle était fait pour vous ! Et ce n'est pas une petite baisse de moral qui va vous faire craquer. Vous pouvez passer à l'étape suivante pour atteindre votre objectif !

Ce dont je suis le plus fière

....

....

....

....

....

Mes atouts

....

....

....

....

....

....

Mon bien-être

Globalement, sur le mois, avez-vous bien pratiqué vos séances feel good ? Elles sont le petit plus qui va booster votre amincissement et sublimer votre corps pour le bikini day ! Ne les négligez pas pour obtenir un max de résultats ! Coloriez selon votre satisfaction.

Énergie ☐☐☐☐☐☐☐☐ ☺

Beauté/anticellulite ☐☐☐☐☐☐☐☐ ☺

Détente ☐☐☐☐☐☐☐☐ ☺

Mandala motivation

Coloriez la case du jour selon la légende. Étiez-vous motivée ou plutôt le moral dans les chaussettes et toute molle en training? Vous dessinez ainsi l'atmosphère de votre programme et votre réussite !

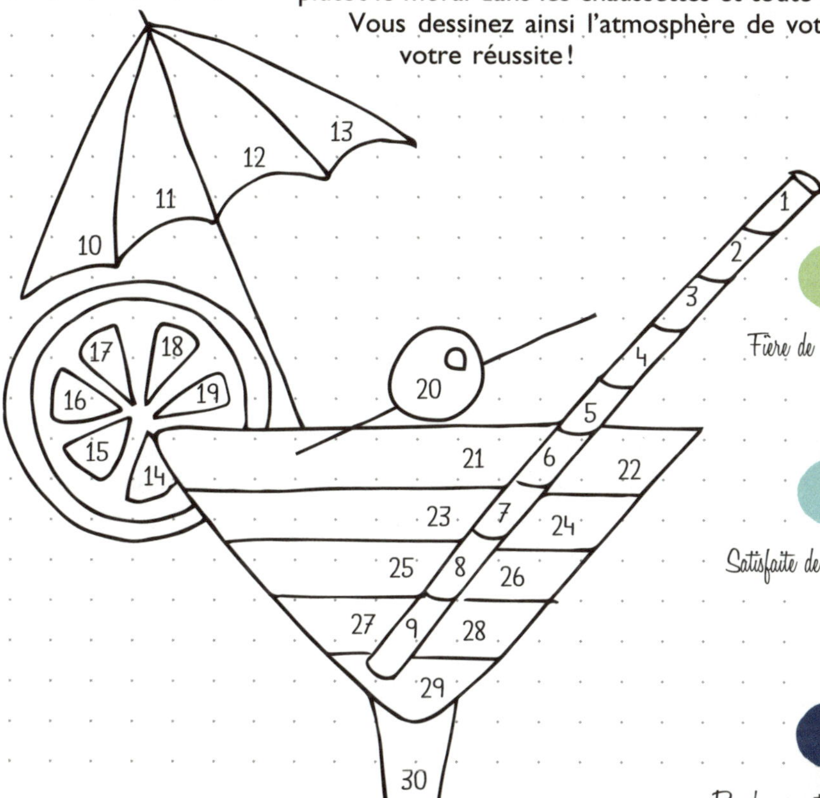

Fière de ma séance.

Satisfaite de ma séance !

Pas hyper satisfaite, je ferai mieux demain.

Pas du tout satisfaite.

MES NOTES

Mois 3

Objectif

sculpter la shape !

Vous avez tenu bon jusqu'ici? Cette fois, c'est du sérieux, intensité maximale! Vous vous êtes affûtée, vous avez perdu de la graisse, vous avez séché et votre corps a commencé à se dessiner. La dernière ligne droite va faire de vous une bombe. L'idée : sculpter votre corps, pour être mince et avoir de jolis muscles visibles, bien dessinés. *Let's go!*

Intensité maximale avec le HIIT !

Cette phase intensifie encore le cardio, et donc la sèche. Et dans ce domaine, le training le plus efficace est le HIIT. Comme son nom anglais le suggère, *high intensity interval training*, c'est une activité de haute intensité, effectuée par intervalles et entrecoupée de très courtes pauses de récupération. En raison de l'effort intense demandé, les séances HIIT ne peuvent jamais être très longues et dépassent rarement les 20 minutes. Ce type d'activité a l'énorme avantage d'augmenter le métabolisme, même longtemps après la fin de l'exercice. C'est ce qu'on appelle l'after-burn. Il est donc particulièrement intéressant pour brûler de l'énergie et perdre du gras en phase de repos!

Mon plan d'action training

Toutes les séances (lundis, mercredis et vendredis) sont full body. En travaillant en HIIT + full body, on cherche durant cette dernière phase à augmenter au max les dépenses caloriques pour brûler le plus de graisses possible. Vous allez devenir encore plus fit!

Profil 1 : si vous êtes une bikini girl débutante...

Ce qui va être difficile... L'intensité monte encore d'un cran ! La fréquence cardiaque va être mise à rude épreuve, même si vous avez déjà fait des progrès immenses. Vous serez poussée au max, mais vous avez développé les capacités pour gérer cette phase et continuer à progresser !

Les conseils perso

- Gérez le rythme en prenant des pauses si besoin (5-10 s) entre les exercices, si vous sentez que votre souffle est trop court.
- Si certains exercices combinés vous bloquent au niveau de la coordination, faites-les séparément et tentez la combinaison de nouveau au prochain tour. À force de pratiquer, ça ira de mieux en mieux!

Le plan training

Effectuez 2 à 3 tours du circuit du jour.

Profil 2 : si vous êtes une bikini girl intermédiaire

Ce qui va être difficile... Là, le niveau augmente clairement ! Vous pourriez vous sentir en difficulté sur le cardio.

Les conseils perso

Si le souffle devient une limite, surtout à partir du 3e ou 4e tour, continuez en ralentissant le rythme d'exécution des exercices. Histoire de surtout rester en mouvement pour continuer de brûler des calories !

Le plan training

Effectuez 3 à 4 tours du circuit du jour.

Profil 3 : si vous êtes une bikini girl confirmée

Ce qui va être difficile… L'intensité est au maximum, et vous serez poussée à vous dépasser en fin de séance. Ce training pourra vous sembler long, et à la fin, avec la fatigue, vous pourriez être tentée de baisser les bras : réussir à terminer le 5e tour se jouera sur le mental !

Les conseils perso

Si vous sentez cette baisse de motivation qui est clairement lié à une fatigue nerveuse et musculaire, déchargez vos poids, prenez des options (pompes sur les genoux) ou encore ralentissez un peu le rythme… mais allez jusqu'au bout !

Le plan training

Effectuez 4 à 5 tours du circuit du jour.

Et niveau charges ?
Ce mois-ci, pratiquez avec des haltères (ou des bouteilles) de 2 à 3 kg selon votre niveau.

Mes exos

En plus des exercices des phases précédentes, vous affronterez :

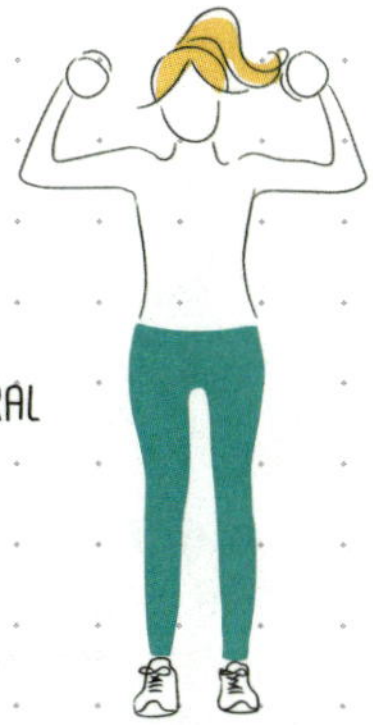

Biceps curl latéral

Kick latéral

Les combinés
Ce mois-ci, continuez à enchaîner les exercices combinés pour faire un max de répétitions en 30 s !

Plan d'action food : je me détoxe

Avec une bonne connaissance des protéines et des glucides, vous avez presque terminé votre rééquilibrage alimentaire. Il ne vous reste plus qu'à mettre le cap sur les légumes et des aliments frais et détox. Ça tombe bien, l'été est là, on n'a qu'une envie : siroter un green smoothie en terrasse !

La détox, c'est quoi ?

Le but de la détox est de purifier l'organisme. Débarrassé des déchets qui l'encombrent, celui-ci retrouve de l'énergie. L'idée : alléger le travail des organes qui nettoient le corps, comme le foie, les reins, la vésicule biliaire, les poumons et la peau. La détox passe par l'alimentation, car les aliments difficiles à digérer ou contenant des toxines créent des déchets.

Je booste mon programme minceur !

Avec la détox, on se concentre sur l'élimination des toxines qui perturbent le bon fonctionnement du corps. Et ça tombe bien, ces toxines sont souvent produites par les mêmes aliments qui font grossir ! Une alimentation détox sera donc également minceur. Le bonus, c'est qu'en vous détoxifiant, vous facilitez la digestion. Or une bonne digestion = un joli ventre plat, jamais ballonné !

Les 5 règles de l'alimentation détox

La détox, c'est simple ! Votre alimentation doit être riche en aliments qui se digèrent facilement, boostent le fonctionnement du foie, des intestins et des reins et donnent un regain d'énergie à l'organisme.

Règle n° 1 : privilégiez le naturel

Fuyez tous les produits industriels : ils sont transformés et renferment des additifs, des graisses saturées, des sucres modifiés et sont bourrés de sel.

Règle n° 2 : mangez des fruits et des légumes tous les jours

Frais ou surgelés (à condition de les consommer bruts), ils vous apporteront des fibres, des vitamines, minéraux, antioxydants et vous hydrateront. Privilégiez ceux qui sont détox (artichaut, asperge, chou, épinard, radis noir, céleri, avocat, ananas, pomme, citron, grenade).

Règle n° 3 : choisissez les bons modes de cuisson

À l'étouffée, à la vapeur, au wok, ces différents modes de cuisson sont doux et permettent de garder un maximum les nutriments des légumes (vitamines, minéraux, enzymes).

Règle n° 4 : diminuez votre consommation de protéines animales

Notre système digestif met longtemps à digérer les viandes et les poissons, et, si on en mange régulièrement, ça encrasse et ralentit la digestion, ce qui crée des toxines. Alternez au moins 1 jour sur 2 avec des protéines végétales (légumineuses, céréales) si vous ne pouvez pas vous passer de viande ou de poisson. Les protéines végétales se digèrent plus facilement car elles sont riches en fibres. Elles vous apporteront vitamines et minéraux en bonus.

Règles n° 5 : buvez beaucoup

On élimine les toxines par les urines ! Pour savoir si vous buvez assez, vérifiez que celles-ci sont claires. Buvez des eaux riches en minéraux, des infusions, du rooibos…

Règle n° 6 : diminuez votre consommation de sel

Consommez toujours les produits bruts (viande, poisson, légumes), afin d'éviter le sel caché des produits industriels. Préparez des plats maison et ne resalez pas dans votre assiette ! Une consommation trop riche en sodium provoque de la rétention d'eau, et donc de la cellulite, en plus de freiner l'action d'élimination des déchets par la voie rénale.

Plan d'action beauté : beach beauty !

The sun is shining… Vos efforts ont payé, c'est le moment de vous sublimer ! À J – 30 de votre départ en vacances, il est juste temps de préparer votre mise en beauté pour la plage. Make-up de plage, soin de la peau, des cheveux, des ongles… tout y passe ! Objectif : être la beach queen, optimiser votre bronzage et le garder longtemps.

Mon tracker body sculpt

Reportez vos objectifs personnels dans ce tableau et coloriez la case du jour si vous avez tenu vos objectifs training & food.

	1	2	3	4	5	6	7	8	9	10	11	12

Objectif atteint !

Objectif presque atteint

Objectif non atteint

13	14	15	16	17	18	19	20	21	22	23	24	25	26	27	28	29	30	31

Semaine 9

Mon agenda

Organisez vos trainings et votre nutrition cette semaine.

Notez :

– Vos séances de training et de stretching.
– Vos menus.
– Les invitations (votre cheat meal de la semaine).
– Vos rendez-vous et obligations.
– Vos séances cocooning & beauty before beach !

LUNDI

Menus

Courses

MARDI

Menus

Courses

Menus

Courses

MERCREDI

Menus

Courses

JEUDI

VENDREDI

Menus

Courses

SAMEDI

Menus

Courses

Menus

Courses

DIMANCHE

NOTES

MON MEAL PREP

Anticipez la préparation de vos plats, prévoyez vos découpes et vos cuissons. C'est la clé pour manger maison sans se prendre la tête !

	Je prépare pour .... (plat)	☐ ☐ ☐
	Je prépare pour .... (plat)	☐ ☐ ☐

LUNDI

TRAINING

Circuit HIIT

- Fente croisée + kick latéral de la jambe arrière sur la remontée
- Burpees
- Mountain climbers
- Élévations de bras latérales
- Jumping jacks
- Squats
- Fentes sautées alternées
- Pompes
- Spider planks

Exécutez chaque exercice 30 s. 1 min 30 à 2 min 30 de récup' entre chaque tour (selon votre niveau p. 8), plus si besoin.

FEEL GOOD

Cocooning cheveux

1 mois avant de partir, préparez vos cheveux. Faites un masque ultra nourrissant 1 à 2 fois par semaine. Délaissez lisseurs et autres appareils chauffants et évitez les colorations. Cela les abîmerait inutilement avant une période difficile (le soleil détériore leurs fibres et le sel les déshydrate), alors qu'ils ont tendance à éclaircir naturellement au soleil. En plus, votre couleur risquerait de virer au rouge ou verdâtre.

FOOD

Top des aliments détox

1. Les légumes verts à feuilles (épinards, laitue, endive, chou frisé)
2. Le brocoli
3. La spiruline : elle aide à rééquilibrer l'acidité du corps
4. Le céleri et le concombre
5. Le poivron

MOTIVATION

Je me surbooste ! Pour gonfler au max votre motivation dans cette dernière phase, matérialisez votre objectif sous forme de moodboard (tableau d'inspiration). Sur Pinterest, Insta ou google, épinglez les photos et articles que vous inspire votre objectif : des images de plage, le lieu de vos prochaines vacances, une fit-girl qui fait un running, des lieux, des activités ou des attitudes qui vous font rêver.

MES TRACKERS

Repas équilibré

Portions raisonnables

Motivation

NOTES

-
-
-
-
-
-
-

MON JOURNAL DE TRAINING

Comment j'ai réussi ma séance ? (ressenti musculaire, difficultés…)

Évaluez votre réussite en coloriant le thermomètre.

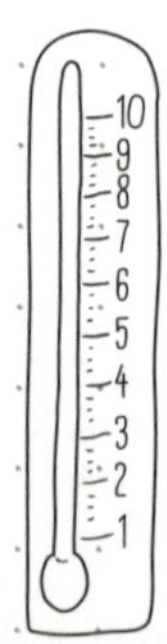

MARDI

FOOD

Ragoût de fèves et artichauts à l'orientale (pour 4)

Faites fondre 2 oignons et 3 gousses d'ail hachés dans une sauteuse avec un filet d'huile d'olive. Intégrez 450 g de fèves pelées et 300 g d'artichauts nettoyés surgelés. Faites-les dorer quelques minutes, puis ajoutez 1 c. à s. de concentré de tomate. Salez et poivrez et saupoudrez avec parcimonie de piment de Cayenne. Recouvrez d'1 l de bouillon préalablement réchauffé et poursuivez la cuisson à feu moyen afin de rendre les légumes fondants et de faire réduire le jus de cuisson.

MOTIVATION

Je crois en moi

Nouveau mois, nouvelle confiance ! Quelles sont vos croyances boostantes pour performer ce mois-ci ? Listez-les : *Je suis parfaitement capable de… / Je vais réussir à… / Je suis une boss pour…* Utilisez-les comme des mantras pour vous forger un mental d'acier !

FEEL GOOD

Manucure au jus de citron

Pour les soigner au naturel et obtenir de beaux ongles, blancs et solides ! Frottez-les tout simplement 10 min contre la pulpe d'1 quartier de citron.

TRAINING

Stomach vacuum

Allongez-vous sur le dos, jambes fléchies, pieds à plat sur le sol et mains sur le ventre. En pratiquant le stomach vacuum, cherchez à creuser toujours plus votre ventre. Faites 6 reps. Enchaînez avec un massage ventre plat, anti-ballonnement : appuyez avec vos doigts sur le point situé à 3 doigts au-dessus du nombril, mains à plat. Faites glisser les doigts vers l'extérieur en inspirant, puis expirez. Répétez ce geste 3-4 fois.

NOTES

-
-
-
-
-
-
-

MES TRACKERS

Repas équilibré

Portions raisonnables

Motivation

MON JOURNAL DE TRAINING

Comment j'ai réussi ma séance ? (ressenti musculaire, difficultés…)

Évaluez votre réussite en coloriant le thermomètre.

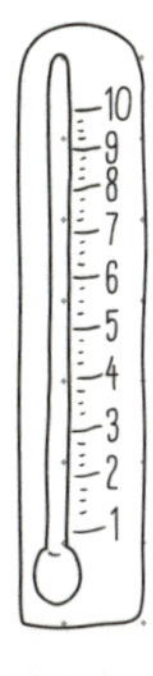

MERCREDI

TRAINING

Circuit HIIT

- Squats + kick
- Montées de genoux dynamiques
- Mountain climbers croisés
- Développés militaires
- X hops
- Squats sumo
- Talons-fesses dynamiques
- Pompes commando
- Gainage ciseaux (30 s de chaque côté)

Exécutez chaque exercice 30 s. 1 min 30 à 2 min 30 de récup' entre chaque tour (selon votre niveau p. 8), plus si besoin.

FEEL GOOD

Skin beauty

L'été, la peau est très agressée. Le soleil, le sel, le chlore la dessèchent. Si vous avez le temps, couvrez-vous de crème 2 fois par jour. Le matin, privilégiez une crème fluide, comme un lait corporel, afin de ne pas vous sentir grasse, et appliquez un baume plus riche la nuit.

MOTIVATION

Je n'arrive pas à suivre cette phase de training !

L'intensité du HIIT peut surprendre. Le cœur s'emballe, on est vite essoufflée et on ressent assez rapidement cette sensation de souffrance qui indique que vous ne travaillez plus dans une zone de confort. Le mental est mis à rude épreuve. Si c'est trop difficile niveau cardio, prenez de petites pauses (5-10 s) entre les exercices.

FOOD

Détox du foie

Lorsque notre foie est fatigué à cause des toxines, ses mécanismes d'épuration s'engorgent. Résultat : vous êtes fatiguée, vous manquez d'énergie, vous digérez mal, vous avez un mauvais teint… Faites des cures de radis noir, d'artichaut et de pissenlit. Ces végétaux maintiennent la vitalité du foie en le détoxifiant.

MES TRACKERS

Repas équilibré	☐☐☐☐☐☐☐☐ ☺
Portions raisonnables	☐☐☐☐☐☐☐☐ ☺
Motivation	☐☐☐☐☐☐☐☐ ☺

NOTES

-
-
-
-
-
-
-

MON JOURNAL DE TRAINING

Comment j'ai réussi ma séance ? (ressenti musculaire, difficultés…)

Évaluez votre réussite en coloriant le thermomètre.

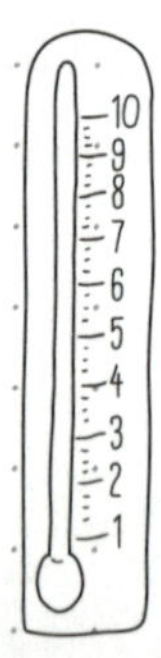

JEUDI

FEEL GOOD

Les UV

Il existe 3 types d'ultraviolets : les UVA, UVB, UVC (ces derniers filtrés par la couche d'ozone). Les UVA représentent 95 % des UV. Ils traversent profondément notre derme et nos yeux, provoquant à long terme une détérioration des cellules (vieillissement de la peau, taches et cancers). Les UVB, les 5 %, pénètrent moins profondément et sont à l'origine du bronzage, des coups de soleil, brûlures ou réactions allergiques. À chaque exposition, les cellules perdent un peu plus leur capacité de se réparer. Protégez-les !

TRAINING

Yoga ventre plat

Le bateau : assise, talons contre les fesses et bras parallèles au sol. Inspirez, à l'expiration tendez vos jambes vers l'avant (pieds à hauteur de la tête). Rapprochez votre nombril de la colonne. Cette posture détend, renforce les cuisses et permet de mincir : elle aide à la digestion, stimule les reins et les intestins. À faire 3 × 30 s.

FOOD

Green smoothie

Dans un blender, mixez 2 tasses de laitue beurre en lanières + 1 poire évidée + 1 pomme évidée + 1 tasse de bleuets + 1 banane + 1 petite c. à c. de maca en poudre + de l'eau. Enjoy !

MOTIVATION

J'ai la flemme aujourd'hui... Restez plus forte que vos excuses, ce n'est pas parce que c'est un jour de récup' qu'il faut sauter sa séance. Le stretching est essentiel pour détendre vos muscles et vous assouplir. C'est un moyen de performer, car vous pourrez ensuite pousser votre corps beaucoup plus loin que s'il était resté contracté.

NOTES

-
-
-
-
-
-
-

MES TRACKERS

Repas équilibré

Portions raisonnables

Motivation

MON JOURNAL DE TRAINING

Comment j'ai réussi ma séance ? (ressenti musculaire, difficultés...)

Évaluez votre réussite en coloriant le thermomètre.

VENDREDI

TRAINING

Circuit HIIT

- Fentes arrière + montée de genou
- Squats jump petite amplitude
- Dips avec genou levé alterné
- Oiseau + squat avec biceps curl en position basse
- Fentes avant alternées + développé militaire
- Mountain climbers
- Pompes
- Gainage
- Relevé de jambes

Exécutez chaque exercice 30 s. 1 min 30 à 2 min 30 de récup' entre chaque tour (selon votre niveau p. 8), plus si besoin.

MOTIVATION

Je me donne du courage ! Même si le programme est conçu de manière progressive et que vous avez déjà 2 mois de training derrière vous, il est possible que cette phase ultra intensive vous déstabilise. Pour vous donner du courage, fermez les yeux et visualisez-vous en train de faire les exercices sans difficulté. Détendez-vous et ouvrez les yeux : vous êtes prête à attaquer !

FEEL GOOD

Beach make-up

Doit-on se maquiller à la plage ? Il n'est pas très pratique d'appliquer sa crème solaire sur le fond de teint, mais en plus, le maquillage va vite donner un aspect luisant à la peau et, mélangé à la transpiration, il risque d'obstruer vos pores et de vous donner des boutons. Une peau nude se sentira mieux et vous garantira une meilleure mine au retour de vacances.

FOOD

Smoothie performance

Un concentré de calcium et de magnésium pour performer ! Mixez 1-2 poignées de chou frisé rincé + 1 pêche dénoyautée + 1 banane + 1 poignée de fraises + $1/8$ de tasse de graines de lin + $1/8$ de tasse de baies de goji + de l'eau. C'est prêt !

MES TRACKERS

Repas équilibré

Portions raisonnables

Motivation

NOTES

MON JOURNAL DE TRAINING

Comment j'ai réussi ma séance ? (ressenti musculaire, difficultés…)

Évaluez votre réussite en coloriant le thermomètre.

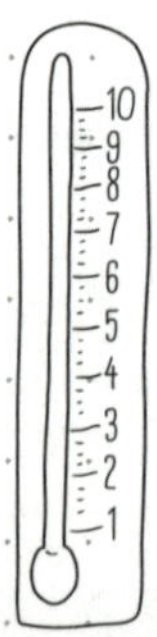

SAMEDI

FEEL GOOD

L'intérêt du gommage pour se préparer à la plage

LE secret pour une peau lumineuse, douce, hydratée et joliment hâlée. Après élimination des cellules mortes, votre bronzage sera moins terne et votre hâle plus uniforme. L'action exfoliante favorise également le renouvellement cellulaire et votre peau paraîtra, sur le long terme, en meilleure santé. À pratiquer 1 fois par semaine.

TRAINING

Yoga stretch dos et lower body

L'étirement de l'Ouest : assise, jambes tendues, levez les bras et étirez votre dos, puis penchez-vous sur vos jambes, dos droit. Si vous pouvez, attrapez vos pieds. Cette posture permet de bien respirer et d'étirer le bas du dos et l'arrière des cuisses. À faire 5 × 30 s.

FOOD

Les probiotiques

Ce sont des micro-organismes (bactéries) qui constituent la flore intestinale. Ces bonnes bactéries maintiennent l'organisme en bonne santé, participent au système immunitaire, améliorent la digestion et le transit. Consommez des yaourts, du lait fermenté, du kéfir, du tempeh, du kimchi, du kombucha riches en probiotiques, qui renouvellent votre flore intestinale.

MOTIVATION

Je m'entraîne à fond !

S'entraîner avec conviction, c'est être bien présente à ce que vous faites. Ne vous interrompez pas pour faire autre chose, ne pensez pas à autre chose. Concentrez-vous sur le ressenti, sur la contraction. Ressentez vos poumons se remplir d'oxygène. Soyez une battante !

NOTES

- ______________________
- ______________________
- ______________________
- ______________________
- ______________________
- ______________________
- ______________________

MES TRACKERS

Repas équilibré ☐☐☐☐☐☐☐☐ ☺

Portions raisonnables ☐☐☐☐☐☐☐☐ ☺

Motivation ☐☐☐☐☐☐☐☐ ☺

MON JOURNAL DE TRAINING

Comment j'ai réussi ma séance ? (ressenti musculaire, difficultés…)

- -

- -

- -

- -

- -

Évaluez votre réussite en coloriant le thermomètre.

10 9 8 7 6 5 4 3 2 1

DIMANCHE

TRAINING

Endurance training

Ce dimanche, augmentez votre vitesse de nage : objectif 45 min minimum à 60% de votre FC max! Vous continuez de tonifier votre body, surtout que l'eau, grâce à son action massante et à la résistance qu'elle impose, agit comme un palper-rouler sur la cellulite!

FOOD

Curry rouge de légumes (pour 4)

Faites chauffer de l'huile d'olive avec 3 à 4 c. à s. de pâte de curry rouge. Faites revenir 1 oignon et 2 échalotes hachés, faites fondre 4 carottes en tronçons. Intégrez 200 g de haricots mange-tout et 1 barquette de champignons de Paris. Faites revenir. Quand les légumes sont fondants, ajoutez 2 c. à c. de citronnelle et 2 c. à c. de gingembre, couvrez avec du bouillon de légumes. Versez 1 brique de lait de coco et apportez un dernier bouillon. Accompagnez de 4 filets de tofu à la japonaise frits et de 250 g de riz thaï.

FEEL GOOD

Épilation

Suivez votre cycle menstruel. Le meilleur moment? En milieu de cycle (niveau d'œstrogènes élevé fortifiant les cellules). Durant les règles, avec la baisse d'œstrogènes, la peau est plus sensible, plus sèche et plus sujette aux rougeurs post-épilatoires. Juste avant, la peau est davantage sujette aux boutons à cause de l'augmentation de progestérone et de testostérone, hormones qui boostent la sécrétion de sébum.

MOTIVATION

Je me félicite! Pour fêter la fin de cette semaine, écrivez vos 3 gratitudes concernant le training. Vous pouvez composer un pêle-mêle avec les mots-clés. Variez les grosseurs, les typographies, les couleurs… Suspendez-le au mur pour vous encourager la semaine prochaine!

MES TRACKERS

Repas équilibré

Portions raisonnables

Motivation

NOTES

MON JOURNAL DE TRAINING

Comment j'ai réussi ma séance ? (ressenti musculaire, difficultés…)

Évaluez votre réussite en coloriant le thermomètre.

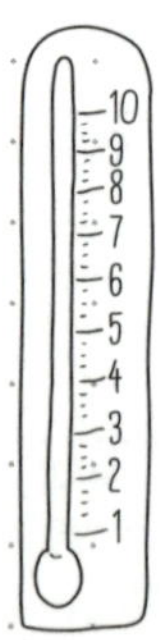

Mon bilan de la semaine 9

Mes victoires

Mes petits échecs

Niveau bien-être, comment je me suis sentie ?

Comment je me suis sentie sur les séances ?

Coloriez ce diagramme bâton selon votre ressenti de difficulté par type de séance (séance bas du corps, haut du corps, full body ou abdos) :

	BAS DU CORPS	HAUT DU CORPS	FULL BODY	ABDOS
Dur, impossible même !				
Dur, mais je me suis dépassée				
Dur, mais ça passe				
J'ai géré				
J'ai réussi facilement				

Comment j'ai réussi mon rééquilibrage alimentaire ?

PEUT MIEUX FAIRE ! ☆ ☆ ☆ ☆ ☆ ☆ ☆ ☆ ☆ ☆ AU TOP !

Ce qui m'a aidée à mieux gérer

Ce qui a été compliqué

Ce que je peux faire la semaine prochaine pour progresser :

Cette 1re semaine ultra intensive vous a certainement mise dans le rouge ! Il y a un exercice de plus, plus d'exercices à impact (sauts), pour augmenter le cardio. Vous pouvez vous trouver de nouveau en difficulté (bonjour, le retour des courbatures !), le cardio monte très vite… Il vous faudra un temps d'adaptation. Si vous arrivez à bout de souffle avant la fin du training, surtout ne vous arrêtez pas, mais ralentissez le rythme, finissez au poids du corps (sans haltères) et prenez les options (poser les genoux sur les pompes et le gainage). Gardez toujours un rythme cardiaque élevé pour brûler un max de calories !

Semaine 10

Mon agenda

Organisez vos trainings et votre nutrition cette semaine.

Notez :

– Vos séances de training et de stretching.
– Vos menus.
– Les invitations (votre cheat meal de la semaine).
– Vos rendez-vous et obligations.
– Vos séances cocooning & beauty before beach !

LUNDI

Menus

Courses

MARDI

Menus

Courses

Menus

Courses

MERCREDI

Menus

Courses

JEUDI

VENDREDI

Menus

Courses

SAMEDI

Menus

Courses

Menus

Courses

DIMANCHE

NOTES

MON MEAL PREP

Anticipez la préparation de vos plats, prévoyez vos découpes et vos cuissons. C'est la clé pour manger maison sans se prendre la tête !

Je prépare pour .... (plat)

Je prépare pour .... (plat)

LUNDI

TRAINING

Circuit HIIT

- Fentes + montées de genou avec rotation de buste (tournez le buste vers le genou levé)
- Mountain climbers
- Fentes unilatérales pied arrière relevé + biceps curl (30 s de chaque côté)
- Burpees
- Squats sumo + biceps prise marteau
- Donkey kicks + élévations du bras opposé (30 s de chaque côté)
- Levé de bassin + barre front
- Gainage sur une jambe et un bras (30 s de chaque côté)
- Gainage

Exécutez chaque exercice 30 s. 1 min 30 à 2 min 30 de récup' entre chaque tour (selon votre niveau p. 8), plus si besoin.

FEEL GOOD

Soin cheveux

Après le shampoing et le séchage naturel, appliquez un après-shampoing réparateur afin de démêler vos cheveux sans les abîmer et de lisser les écailles. Ce soin très léger ne dispense pas toutefois de faire, 1 fois par semaine, un bon masque réparateur. Choisissez un produit bio et riche en éléments tels le beurre de karité, l'huile d'amande douce ou de coco. Fuyez les masques à base de silicone, qui « maquilleront » vos cheveux abîmés sans les réparer.

FOOD

Smoothie brûle-graisse

Dans un blender, mixez 200 g d'ananas frais + 1 mangue + le jus d'1 citron vert + 10 cl de jus d'orange sans sucre. Dégustez bien frais.

MOTIVATION

J'ai confiance en moi !

Remotivez-vous pour cette nouvelle semaine en boostant votre confiance en vous : oui, vous allez gérer comme une boss ! Pour vous aider, pensez toute la journée à vous redresser et à ouvrir la poitrine. Tout d'un coup, tout vous paraîtra facile, c'est magique !

MES TRACKERS

Repas équilibré

Portions raisonnables

Motivation

NOTES

-
-
-
-
-
-
-

MON JOURNAL DE TRAINING

Comment j'ai réussi ma séance ? (ressenti musculaire, difficultés…)

Évaluez votre réussite en coloriant le thermomètre.

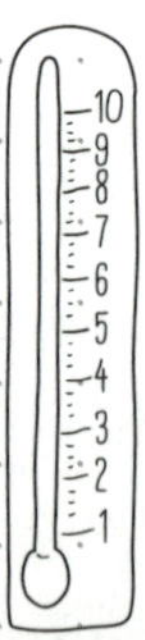

MARDI

MOTIVATION

Je réussis ma journée

La positive attitude et la motivation, ça se travaille aussi les jours de récup'. Le cerveau est comme un muscle : plus on travaille, plus c'est facile. Dès le réveil, fixez-vous 3 objectifs positifs pour profiter à fond de votre journée. Selon la loi d'attraction, quand on pose de bonnes intentions, on attire les bonnes choses !

TRAINING

Yoga stretch full body

Le pont : allongée sur le dos, talons contre les fesses, paumes de mains au sol à côté des épaules. À l'expiration, poussez le sol avec vos mains et vos pieds pour décoller le corps. Cela étire l'avant (abdos) et l'arrière du corps (psoas), améliorant la circulation sanguine. À faire 5 × 30 s.

FEEL GOOD

Quelle forme d'ongle pour la manucure ?

Limez vos ongles selon leur forme. Si vous avez les ongles parallèles (base et bout de l'ongle de même largeur), adoptez la forme carrée, arrondie, ovale s'ils sont longs, carrée ou ronde s'ils sont courts. Si vous avez les ongles en éventail (base plus étroite que le bout) : forme ovale ou en amande s'ils sont longs et ronde s'ils sont courts.

FOOD

Salade de melon et tofu à la mangue

Lavez 5 feuilles de salade, taillez 1 tomate en tranches fines, 50 g de tofu curry-mango (Taifun) en cubes, 1 petit melon en billes à la cuillère parisienne. Dans l'assiette, déposez la salade, la tomate, le melon, le tofu. Parsemez de graines de sésame, salez, poivrez et versez un trait de balsamique.

NOTES

-
-
-
-
-
-
-

MES TRACKERS

Repas équilibré

Portions raisonnables

Motivation

MON JOURNAL DE TRAINING

Comment j'ai réussi ma séance ? (ressenti musculaire, difficultés…)

Évaluez votre réussite en coloriant le thermomètre.

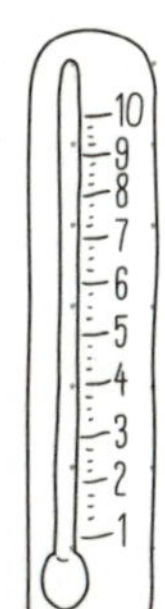

MERCREDI

TRAINING

Circuit HIIT

- Fentes arrière + extension triceps
- Rotations de buste + développé militaire
- Oiseau + élévation de bras arrière
- Fentes avant + biceps curl
- Burpees
- Dips + montée de genou alternée
- Pompes commando
- Planche latérale (30 s de chaque côté)
- Mountain climbers

Exécutez chaque exercice 30 s. 1 min 30 à 2 min 30 de récup' entre chaque tour (selon votre niveau p. 8), plus si besoin.

FEEL GOOD

SOS déshydratation de la peau

Les huiles, qui, contre toute attente, ne sont pas du tout hydratantes, empêchent en revanche la déshydratation en formant un bouclier protecteur et en nourrissant en profondeur. N'oubliez pas les lèvres ! Enduisez-les d'un baume naturel, ou simplement d'un beurre végétal (de karité ou de cacao).

MOTIVATION

Je vois de plus en plus les résultats !

À cette étape, votre silhouette continue à changer : que ce soit dans un miroir ou dans vos vêtements, vous vous rendez compte que vous êtes plus mince, avec une silhouette dessinée et galbée, qui se sculpte petit à petit. Soyez fière de vous ! Peaufinez le résultat, ne lâchez rien !

FOOD

Manger cru

Plus un aliment est cuit, plus il perd de sa valeur nutritionnelle car la cuisson détruit une bonne partie des vitamines. Mangez cru les légumes et les fruits pour profiter au max de leurs nutriments (vitamines et enzymes). Râpés, mixés (en jus ou smoothie), germés (céréales, graines), lacto-fermentés (kimchi) ou encore à croquer en dips !

MES TRACKERS

Repas équilibré

Portions raisonnables

Motivation

NOTES

- ______
- ______
- ______
- ______
- ______
- ______
- ______

MON JOURNAL DE TRAINING

Comment j'ai réussi ma séance ? (ressenti musculaire, difficultés…)

....

....

....

....

....

Évaluez votre réussite en coloriant le thermomètre.

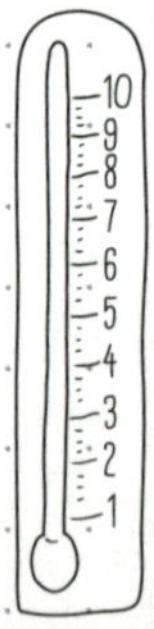

JEUDI

MOTIVATION

Je booste ma confiance Boostez encore votre bien-être ! Pour cultiver la confiance, faites ces 3 gestes : souriez le matin au réveil, notez vos 3 plus belles émotions de la journée (ou 3 belles paroles qu'on vous a dites) et faites quelque chose d'amusant (regarder des gifs drôles sur Internet ou des vidéos de chats rigolos…).

FOOD

Les épices

Elles sont bonnes pour le foie, l'estomac, les intestins, les poumons et les reins, les organes détox. Leur pouvoir détoxifiant tient à leur teneur en huiles essentielles, polyphénols, antioxydants, vitamines et fibres. Le top : cannelle, curcuma, gingembre, piment de Cayenne, muscade.

FEEL GOOD

Beach make-up : les yeux

Restructurez vos sourcils avec une pommade waterproof qui donnera plus de profondeur à votre regard. Misez sur le mascara résistant à l'eau. C'est le moment idéal pour les couleurs, comme le turquoise, qui apportent un peu de peps. Le duo maquillage cils + sourcils sera discret, ne vous incommodera pas sur la plage, ne coulera pas et réveillera immédiatement votre visage.

TRAINING

Stomach vacuum

Plus difficile !
À quatre pattes sur votre tapis, les épaules alignées sous vos poignets et les genoux alignés sous votre bassin, inspirez en gonflant le ventre, à l'expiration cherchez à creuser votre ventre au maximum en aspirant votre nombril vers votre colonne. Faites 6 reps sans relâcher le ventre durant les inspirations.

NOTES

-
-
-
-
-
-
-

MES TRACKERS

Repas équilibré ☐☐☐☐☐☐☐☐ ☺

Portions raisonnables ☐☐☐☐☐☐☐☐ ☺

Motivation ☐☐☐☐☐☐☐☐ ☺

MON JOURNAL DE TRAINING

Comment j'ai réussi ma séance ? (ressenti musculaire, difficultés…)

....

....

....

....

....

Évaluez votre réussite en coloriant le thermomètre.

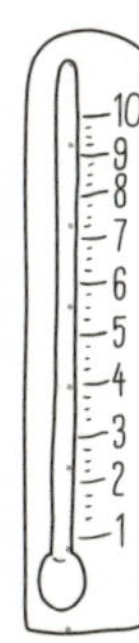

VENDREDI

TRAINING

Circuit HIIT

- Fentes arrière + développé militaire
- Squats + élévation de bras latérale
- Montées de genoux dynamiques
- Extensions mollets + extension triceps
- X hops
- Chaise contre un mur
- Pompes
- Superman + élévation de bras latérale
- Gainage ciseaux de chaque côté

Exécutez chaque exercice sur 30 s. 1 min 30 à 2 min 30 de récup' entre chaque tour (selon votre niveau p. 8), plus si besoin.

MOTIVATION

Je gère mes séances

Vous êtes plutôt à l'aise avec votre programme ? Bravo, mais ne vous relâchez pas. Cherchez à sortir de votre zone de confort à chaque séance. Juste un petit challenge : face à un défi trop gros, vous vous sentez en danger, vous risquez d'échouer et de vous décourager par la suite. Dépassez-vous petit pas par petit pas, et ça fonctionnera !

FEEL GOOD

L'huile satinante

Pour faire ressortir votre bronzage naturellement, vous pouvez tester les huiles satinantes. Le léger filme gras que l'huile dépose à la surface de la peau met en valeur votre carnation et vos formes. Si vous la choisissez pailletée, votre bronzage sera magnifié !

FOOD

Green smoothie détox

Dans un blender, mixez 1-2 poignées d'épinards rincés + 1 poire évidée + 1 banane + 1 pomme évidée + 1 tasse d'ananas + de l'eau selon la texture que vous aimez.

MES TRACKERS

Repas équilibré

Portions raisonnables

Motivation

NOTES

-
-
-
-
-
-
-

MON JOURNAL DE TRAINING

Comment j'ai réussi ma séance ? (ressenti musculaire, difficultés…)

Évaluez votre réussite en coloriant le thermomètre.

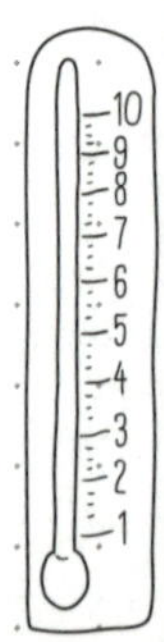

SAMEDI

FOOD

Détox reins

Les reins détiennent d'importantes fonctions d'élimination. En filtrant le sang, il le débarrassent de ses déchets, en régulant la fonction artérielle. L'eau est la meilleure détox des reins. Boire suffisamment (1,5 à 2 l/jour) permet aux reins de drainer l'organisme. Prenez aussi des décoctions d'orties, pissenlits, artichaut…

TRAINING

Yoga renfo back & lower body

Le poisson : allongée sur le dos, ouvrez la poitrine, resserrez les omoplates et rapprochez les coudes du buste. Inspirez et soulevez le tronc et la tête. À l'expiration, posez le sommet du crâne au sol en gardant la poitrine bien ouverte. Cela renforce les ischios et le bas du dos. À faire 3 × 30 s.

MOTIVATION

Je me sens bien !

Aujourd'hui, pour vous accompagner pendant votre séance de récup', doublez l'effet bien-être du stretching avec une musique à l'effet calmant. Cette technique est utile aussi en training, avec une musique ultra rythmée pour vous booster !

FEEL GOOD

Gommage au sucre

Mélangez 2 c. à s. de sucre semoule, 2 c. à s. d'huile végétale (coco, amande) et 1 c. à c. de miel (facultatif). Vous pouvez ajouter 1 goutte d'HE pour parfumer votre gommage (rose musquée, par exemple). Les grains de sucre, assez durs, conviennent bien au corps, car la peau est moins fragile que le visage. L'huile adoucira la peau et le miel l'hydratera.

NOTES

-
-
-
-
-
-
-

MES TRACKERS

Repas équilibré	☐☐☐☐☐☐☐☐
Portions raisonnables	☐☐☐☐☐☐☐☐
Motivation	☐☐☐☐☐☐☐☐

MON JOURNAL DE TRAINING

Comment j'ai réussi ma séance ? (ressenti musculaire, difficultés…)

....

....

....

....

....

Évaluez votre réussite en coloriant le thermomètre.

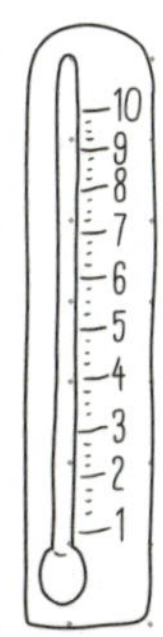

DIMANCHE

TRAINING

Endurance training

On atteint l'intensité maximale du cardio LISS pour optimiser la fonte des graisses ! Le complément parfait du training HIIT de la semaine. Cette fois, montez à 65 % de votre FC max en running, toujours pendant 45 min minimum !

FOOD

Buddha bowl

Dans un bol, disposez un lit de jeunes pousses. Disposez à côté, côte à côte : 20 g de quinoa cuit, ½ avocat en lamelles, 20 g de carottes râpées, 30 g de concombre en dés. Parsemez d'1 oignon blanc émincé finement. Vous pouvez faire cuire 1 œuf au plat et le placer au centre du bol. Sauce : 1 c. à s. d'huile d'olive, 1 c. à s. de curry, ½ c. à c. de gingembre, 1 c. à c. de moutarde, vinaigre balsamique, jus de citron.

MOTIVATION

Je deviens un modèle ! On parie que les sorties du week-end vous font plaisir ? Non seulement vous pouvez être fière de votre training endurance, mais en plus, en famille, avec vos copines ou votre amoureux, c'est vous qui donnez le rythme, vous montrez de quoi vous êtes capable. Ça rebooste !

FEEL GOOD

Masque cheveux

Appliquez votre masque (la chair d'1 avocat + 1 jaune d'œuf + 2 c. à s. de miel + 2 c. à s. d'huile d'olive, 1 c. à s. de jus de citron). Faites chauffer quelques secondes une serviette humide au micro-ondes et recouvrez-en vos cheveux. Laissez poser quelques instants. La chaleur ouvre les écailles des cheveux et permet au soin de mieux pénétrer.

MES TRACKERS

Repas équilibré ☺

Portions raisonnables ☺

Motivation ☺

NOTES

-
-
-
-
-
-
-

MON JOURNAL DE TRAINING

Comment j'ai réussi ma séance ? (ressenti musculaire, difficultés…)

Évaluez votre réussite en coloriant le thermomètre.

10 9 8 7 6 5 4 3 2 1

Mon bilan de la semaine 10

Mes victoires	Mes petits échecs	Niveau bien-être, comment je me suis sentie ?

Comment je me suis sentie sur les séances ?

Coloriez ce diagramme bâton selon votre ressenti de difficulté par type de séance (séance bas du corps, haut du corps, full body ou abdos) :

	BAS DU CORPS	HAUT DU CORPS	FULL BODY	ABDOS
Dur, impossible même !				
Dur, mais je me suis dépassée				
Dur, mais ça passe				
J'ai géré				
J'ai réussi facilement				

Comment j'ai réussi mon rééquilibrage alimentaire ? PEUT MIEUX FAIRE ! ☆ ☆ ☆ ☆ ☆ ☆ ☆ ☆ ☆ ☆ AU TOP !

Ce qui m'a aidée à mieux gérer	Ce qui a été compliqué	Ce que je peux faire la semaine prochaine pour progresser :

Cette semaine, il y avait encore plus d'exercices combinés pour encore plus d'intensité ! Et pourtant, vous devez vous sentir déjà moins essoufflée, même si le dernier tour est plus mental que physique. Pour vous motiver sur ce dernier tour ? Repensez à votre objectif, et rappelez-vous le gros changement physique que vous avez déjà opéré. Ayez cette rage d'aller jusqu'au bout du training malgré la fatigue ! *No pain, no gain !*

Semaine 11

MON AGENDA

Organisez vos trainings et votre nutrition cette semaine.

Notez :

– Vos séances de training et de stretching.
– Vos menus.
– Les invitations (votre cheat meal de la semaine).
– Vos rendez-vous et obligations.
– Vos séances cocooning & beauty before beach !

LUNDI

Menus

Courses

MARDI

Menus

Courses

Menus

Courses

MERCREDI

Menus

Courses

JEUDI

VENDREDI

Menus

Courses

SAMEDI

Menus

Courses

Menus

Courses

DIMANCHE

NOTES

MON MEAL PREP

Anticipez la préparation de vos plats, prévoyez vos découpes et vos cuissons. C'est la clé pour manger maison sans se prendre la tête !

Je prépare pour

(plat)

Je prépare pour

(plat)

LUNDI

TRAINING

Circuit HIIT

- Fentes arrière + biceps curl
- Petits squats sumo
- Jumping jacks
- Extensions mollets + élévation avant de bras
- Rotations de buste + développé militaire
- Mountain climbers croisés
- Pompes commando
- Levés de bassin + élévation de bras sur la montée
- Gainage sur une jambe et une main (30 s de chaque côté)

Exécutez chaque exercice sur 30 s. 1 min 30 à 2 min 30 de récup' entre chaque tour (selon votre niveau p. 8), plus si besoin.

FEEL GOOD

DIY autobronzant

Un joli teint naturellement hâlé à la plage ? C'est possible avec l'huile de carotte. Riche en bêta-carotène, elle ne colore pas que la couche de la peau, mais aussi l'épiderme profond. Faites chauffer 3 gouttes dans vos mains et massez-en votre visage avant la crème de jour ou de nuit. Vous pouvez aussi en appliquer sur le corps.

MOTIVATION

C'est lundi, je positive !

Prenez soin de vous au quotidien : accordez-vous chaque jour un petit moment rien que pour vous, demandez-vous au réveil ce dont vous avez besoin pour vous sentir bien aujourd'hui… Remerciez-vous et félicitez-vous à chaque occasion.

FOOD

Les graines germées

Riches en vitamines et minéraux, antioxydants, acides aminés et fibres, de vraies bombes de vitalité ! Alfalfa (très doux), basilic (légèrement piquant), brocoli (agréable), cresson (salades), radis (relevé), haricot mungo (cuisine au wok ou vapeur), roquette… Mettez-les dans vos salades, soupes, gaspachos, smoothies, jus, bowls, crudités, rouleaux de printemps.

MES TRACKERS

Repas équilibré

Portions raisonnables

Motivation

NOTES

MON JOURNAL DE TRAINING

Comment j'ai réussi ma séance ? (ressenti musculaire, difficultés…)

Évaluez votre réussite en coloriant le thermomètre.

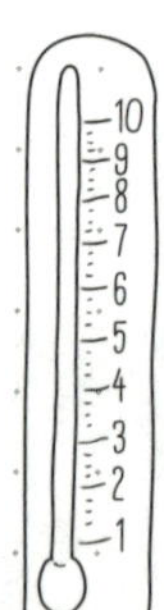

MARDI

FEEL GOOD

Manucure

Mélangez 2 gouttes d'huile essentielle de citron avec de l'huile d'argan ou de ricin, puis massez vos ongles jusqu'à pénétration. Ils pousseront plus vite et seront plus forts !

TRAINING

Yoga ventre plat

Posture de libération des vents : allongée sur le dos, inspirez, à l'expiration amenez le genou droit vers votre poitrine et pressez-le contre votre ventre, en aspirant votre nombril. Cette posture améliore la digestion, étire le bas du dos et allonge la colonne. À faire 3 × 30 s.

FOOD

Porridge du lendemain

No excuse pour sauter le petit déj, celui-ci se prépare la veille ! Mélangez dans un bol 20 cl de lait d'avoine ou d'amande sans sucre + 30 g de flocons d'avoine + 10 g de graines de chia + 2 abricots secs coupés en petits morceaux + quelques amandes. Accompagnez-le de thé ou café sans sucre.

MOTIVATION

Encore des résultats plus visibles !

Observez : de jour en jour, vous avez un ventre plus plat et légèrement dessiné, grâce à votre métabolisme qui a augmenté et aux séances d'abdos. Plus que quelques jours avant d'oser mettre le maillot de bain deux pièces !

NOTES

-
-
-
-
-
-
-

MES TRACKERS

Repas équilibré									☺
Portions raisonnables									☺
Motivation									☺

MON JOURNAL DE TRAINING

Comment j'ai réussi ma séance ? (ressenti musculaire, difficultés…)

....

....

....

....

....

Évaluez votre réussite en coloriant le thermomètre.

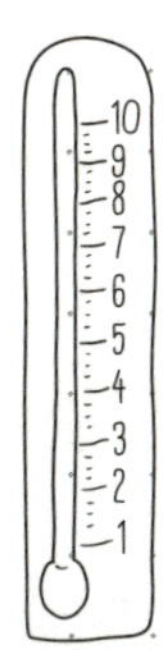

MERCREDI

TRAINING

Circuit HIIT

- Fentes arrière + biceps curl latéral
- Squats + extension de triceps sur la remontée
- Burpees
- Battements de jambe + élévation de bras latérale
- Chaise contre un mur
- X hops
- Superman + élévation de bras avant
- Pompes
- Mountain climbers

Exécutez chaque exercice sur 30 s. 1 min 30 à 2 min 30 de récup' entre chaque tour (selon votre niveau p. 8), plus si besoin.

FEEL GOOD

Beach make-up : le teint

Même s'il vaut mieux laisser le teint nude, pas question de le négliger. Quelques jours avant vos vacances, faites un bon gommage et abusez des soins afin que votre peau soit lumineuse et la plus uniforme possible. Le jour J, laissez-la respirer. Le soleil se chargera vite de lui donner un hâle bonne mine qui camouflera toutes vos petites imperfections.

FOOD

Smoothie énergie

Dans le blender, mixez : 1 feuille de kale + 1/2 banane + 1 petite mangue + 1 poignée de graines germées d'alfalfa + de l'eau. C'est prêt !

MOTIVATION

Je m'entraîne de mieux en mieux !

Appréciez votre séance et concentrez-vous sur l'exécution de votre exercice, sur votre ressenti… Vous prenez conscience de la différence avec vos premières séances ? Vous maîtriser les mouvements, vous ressentez vraiment la contraction, vous êtes de plus en plus efficace. Vous maintenez plus longtemps votre effort. Vous savez placer votre respiration. Hey, ça gère !

MES TRACKERS

Repas équilibré									
Portions raisonnables									
Motivation									

NOTES

-
-
-
-
-
-
-

MON JOURNAL DE TRAINING

Comment j'ai réussi ma séance ? (ressenti musculaire, difficultés…)

Évaluez votre réussite en coloriant le thermomètre.

10 9 8 7 6 5 4 3 2 1

JEUDI

FOOD

Carotènes BFF

Chaque jour, buvez un grand verre de jus de carottes. La carotte regorge d'antioxydants, de vitamine C et, surtout, les carotènes pigmentent légèrement la peau et illuminent le teint. Un bon complément avant la plage ! Pour le goût, ajoutez de la tomate ou, en version sucrée, du jus d'oranges 100 % avec pulpe pour les fibres. En collation, grignotez 1 petite poignée d'abricots secs et de pruneaux, aussi riches en carotènes !

TRAINING

Yoga stretch upper body

Le cobra : allongée sur le ventre, mains de chaque côté des épaules. Inspirez, à l'expiration tendez les bras en repoussant le sol pour décoller la poitrine, épaules basses. Aspirez le nombril vers la colonne. Cette posture renforce la sangle abdominale et le dos. À faire 3 × 30 s.

FEEL GOOD

Hair protection maison

Pour protéger vos cheveux du soleil, attachez-les, tout simplement ! Les coiffures « protectrices » vous permettront de mettre votre tignasse à l'abri du soleil, des embruns et du sel. Vos cheveux doivent être enroulés sur eux-mêmes, minimisant ainsi l'exposition sans se fragiliser.

MOTIVATION

Je prends du plaisir en training

À ce stade, vous vous sentez à l'aise sur le training et vous y avez certainement pris goût ! C'est bien connu, si on s'entraîne régulièrement, on devient addicte. La libération de sérotonine (hormone du bonheur) mais aussi d'endorphines (hormone du plaisir) procure un immense bien-être après une séance !

NOTES

-
-
-
-
-
-
-

MES TRACKERS

Repas équilibré	☐☐☐☐☐☐☐☐ ☺
Portions raisonnables	☐☐☐☐☐☐☐☐ ☺
Motivation	☐☐☐☐☐☐☐☐ ☺

MON JOURNAL DE TRAINING

Comment j'ai réussi ma séance ? (ressenti musculaire, difficultés…)

Évaluez votre réussite en coloriant le thermomètre.

10 9 8 7 6 5 4 3 2 1

VENDREDI

TRAINING

Circuit HIIT

- Squats sumo + biceps prise marteau
- Burpees
- Fentes avant + arrière unilatérales (30 s de chaque côté)
- Battements de jambe alternés + jumping jack
- Dips + battement de jambe
- Spider planks
- Mountain climbers croisés
- Gainage ciseaux + élévation de bras (30 s de chaque côté)
- Gainage

Exécutez chaque exercice sur 30 s. 1 min 30 à 2 min 30 de récup' entre chaque tour (selon votre niveau p. 8), plus si besoin.

FOOD

Les cuissons

Certains modes de cuisson limitent la perte en vitamines et minéraux : l'étouffée (basse température, couvercle fermé, les légumes cuisent dans leur eau de cuisson), la vapeur (même s'il y a tout de même des pertes à cause de l'oxydation et de la chaleur plus élevée), au wok (en gardant les légumes croquants).

MOTIVATION

Je me sens bien !

Vous arrivez bientôt à la fin de votre programme. Acceptez-vous enfin vos « défauts » ? Le fitness met en valeur les capacités de votre corps, vous créez une relation positive avec lui. Vos « défauts » sont éclipsés par vos qualités ! Exit, les complexes !

FEEL GOOD

Le bon maillot suivant ma morpho

L'idée : mettre en valeur vos formes. Poitrine généreuse = soutien-gorge bien emboîtant pour la maintenir. Poitrine discrète = soutien-gorge rembourré, à fronce ou à froufrous pour lui donner du volume. Petit ventre = 1 ou 2 pièces vintage gainant mais sexy. Hanches généreuses ou fesses discrètes = bas de maillot brésilien.

MES TRACKERS

Repas équilibré

Portions raisonnables

Motivation

NOTES

MON JOURNAL DE TRAINING

Comment j'ai réussi ma séance ? (ressenti musculaire, difficultés…)

Évaluez votre réussite en coloriant le thermomètre.

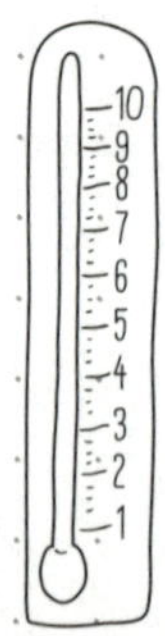

SAMEDI

MOTIVATION

J'ai un coup de mou aujourd'hui

Ça arrive, mais pas de place pour la fatigue et les moments de doute ! Vous êtes capable de tenir la séance jusqu'au bout. Pour vous soutenir, dessinez un soleil ou n'importe quel motif qui vous évoque la réussite. Sur chaque rayon, écrivez un mantra positif. Affichez vos mantras pour les voir pendant votre séance.

TRAINING

Stomach vacuum

À quatre pattes, pratiquez le stomach vacuum. Faites 6 reps. Terminez par des massages minceur circulaires avec le mélange d'huile d'amande douce + 2 gouttes d'huile essentielle de mandarine. Plus vous pratiquez, plus le muscle du ventre se gaine !

FOOD

Détox intestins

Lorsque l'intestin est chargé, le microbiote se porte mal, on grossit, on est ballonnée et notre système immunitaire est fragilisé. Pour le détoxifier, faites une cure de soupes de légumes verts (fenouil, céleri-branche, épinards, asperges, poireaux…).

FEEL GOOD

Gommage au thé

Mélangez 1 sachet de thé parfumé, 1 c. à s. de poudre d'amandes et 2 c. à s. d'huile d'amande douce afin de former une pâte. Ce gommage doux, aux grains souples, peut tout à fait être utilisé sur le visage, le buste ou le corps pour les peaux les plus sensibles.

NOTES

-
-
-
-
-
-
-

MES TRACKERS

Repas équilibré	☐☐☐☐☐☐☐☐ ☺
Portions raisonnables	☐☐☐☐☐☐☐☐ ☺
Motivation	☐☐☐☐☐☐☐☐ ☺

MON JOURNAL DE TRAINING

Comment j'ai réussi ma séance ? (ressenti musculaire, difficultés…)

Évaluez votre réussite en coloriant le thermomètre.

10 9 8 7 6 5 4 3 2 1

DIMANCHE

TRAINING

Endurance training

Cycling Day ! 45 min minimum à 65 % de votre FC max. On augmente l'intensité de 5% par rapport à la dernière sortie vélo pour se challenger de nouveau et brûler encore plus de calories !

MOTIVATION

Je suis fatiguée…

Vous avez eu un rythme régulier mais très soutenu jusqu'ici. Il est possible qu'une fatigue se fasse ressentir. Reposez-vous sans culpabilité et prenez même une petite journée de récup' supplémentaire. Couchez-vous tôt, mangez bien, et reprenez demain au top. On vous fait confiance, ne zappez pas la prochaine séance !

FEEL GOOD

Protection solaire

Pour les peaux très claires et claires : indice 50 (écran total) en toutes circonstances, même par temps nuageux ! Si vous avez une peau intermédiaire (claire mais vous prenez rarement des coups de soleil) : indice 30 à 50, en fonction de la météo. Et même si les peaux mates sont moins sensibles, la protection est indispensable : indice 30. Cela diminue les risques de vieillissement de la peau et de cancer cutané.

FOOD

Soupe « pistou » à la niçoise facile (pour 4)

Dans un faitout huilé, faites fondre 1 oignon et 4 gousses d'ail émincés. Ajoutez 1 sachet de légumes pour minestrone ou soupe au pistou congelés et faites revenir. Salez et poivrez, ajoutez 1 poignée de vermicelles, 1 poignée de basilic haché et couvrez d'eau. Fermez le faitout et laissez cuire 20 min. Servez chaud, saupoudré de parmesan (facultatif).

MES TRACKERS

Repas équilibré ☐☐☐☐☐☐☐☐ ☺

Portions raisonnables ☐☐☐☐☐☐☐☐ ☺

Motivation ☐☐☐☐☐☐☐☐ ☺

NOTES

-
-
-
-
-
-
-

MON JOURNAL DE TRAINING

Comment j'ai réussi ma séance ? (ressenti musculaire, difficultés…)

- -

- -

- -

- -

- -

Évaluez votre réussite en coloriant le thermomètre.

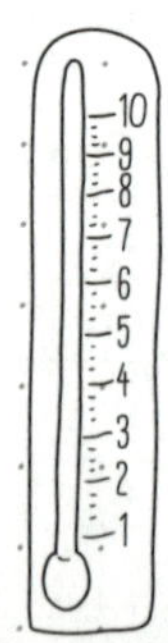

Mon bilan de la semaine 11

Mes victoires

Mes petits échecs

Niveau bien-être, comment je me suis sentie ?

Comment je me suis sentie sur les séances ?

Coloriez ce diagramme bâton selon votre ressenti de difficulté par type de séance (séance bas du corps, haut du corps, full body ou abdos) :

	BAS DU CORPS	HAUT DU CORPS	FULL BODY	ABDOS
Dur, impossible même !				
Dur, mais je me suis dépassée				
Dur, mais ça passe				
J'ai géré				
J'ai réussi facilement				

Comment j'ai réussi mon rééquilibrage alimentaire ? PEUT MIEUX FAIRE ! ☆ ☆ ☆ ☆ ☆ ☆ ☆ ☆ ☆ ☆ AU TOP !

Ce qui m'a aidée à mieux gérer

Ce qui a été compliqué

Ce que je peux faire la semaine prochaine pour progresser :

Cette semaine, les séances étaient encore plus cardio et intenses. Cela vous pose peut-être encore quelques difficultés, mais la bonne nouvelle, c'est qu'à présent, votre condition physique est très bonne ! Vous n'avez plus de courbatures (ou presque). Pour garder toujours une bonne intensité, n'hésitez pas à prendre 5-10 secondes afin de souffler profondément et faire baisser le rythme cardiaque. Ainsi, vous pourrez repartir de plus belle. Sinon, dépassez-vous en augmentant le rythme d'exécution !

Semaine 12

Mon agenda

Organisez vos trainings et votre nutrition cette semaine.

Notez :

– Vos séances de training et de stretching.
– Vos menus.
– Les invitations (votre cheat meal de la semaine).
– Vos rendez-vous et obligations.
– Vos séances cocooning & beauty before beach !

LUNDI

Menus

Courses

MARDI

Menus

Courses

Menus

Courses

MERCREDI

Menus

Courses

JEUDI

VENDREDI

Menus

Courses

SAMEDI

Menus

Courses

Menus

Courses

DIMANCHE

NOTES

MON MEAL PREP

Anticipez la préparation de vos plats, prévoyez vos découpes et vos cuissons. C'est la clé pour manger maison sans se prendre la tête !

	Je prépare pour .... (plat)	
	Je prépare pour .... (plat)	

LUNDI

TRAINING

Circuit HIIT

- Squats + biceps prise marteau
- Fentes avant + développé militaire
- Extensions mollets + extension triceps
- Battements de jambe + élévation de bras avant
- Fentes montées sur banc alternées
- Chaise contre un mur
- Pompes commando
- Mountain climbers croisés
- X hops

Exécutez chaque exercice sur 30 s. 1 min 30 à 2 min 30 de récup' entre chaque tour (selon votre niveau p. 8), plus si besoin.

FOOD

Les superfood

- Fruits : canneberge, myrtilles, baie d'açai et de goji, acérola, cacao, grenade, avocat
- Légumes : reishi, betterave, roquette, épinard, chou chinois, chou kale, brocoli
- Graines : chia, caroube, chanvre, tournesol
- Algues : spiruline, chlorelle
- Racines : ginseng, maca
- Épices : cannelle, curcuma, piment de Cayenne, clou de girofle
- Plantes : thym, guarana, ginkgo biloba

FEEL GOOD

Soin de la peau post-épilation

Hydratez votre peau avec de l'aloe vera en gel ou en crème. Après l'épilation, elle apaise instantanément, évite les infections dues aux poils incarnés. Il nourrit parfaitement la peau, sèche ou grasse, sans jamais la saturer.

MOTIVATION

Dernière ligne droite ! J – 7, dernier coup d'accélérateur ! On dit souvent que la fin se joue dans la tête ! Pour être au top du top de votre shape et de votre fierté, challengez-vous cette dernière semaine. Augmentez vos charges, faites monter le cœur au max, explosez le score en nombre de répétitions sur chaque exercice !

MES TRACKERS

Repas équilibré	☐☐☐☐☐☐☐☐ ☺
Portions raisonnables	☐☐☐☐☐☐☐☐ ☺
Motivation	☐☐☐☐☐☐☐☐ ☺

NOTES

-
-
-
-
-
-
-

MON JOURNAL DE TRAINING

Comment j'ai réussi ma séance ? (ressenti musculaire, difficultés…)

....

....

....

....

....

Évaluez votre réussite en coloriant le thermomètre.

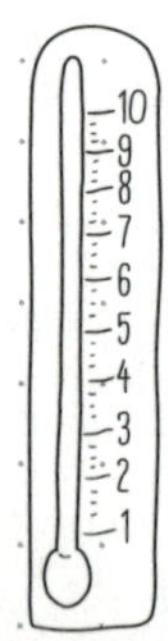

MARDI

FEEL GOOD

Autobronzant au henné

Le henné ne colore pas que les cheveux ! La veille, préparez votre henné naturel au grain fin en le mélangeant avec un peu d'eau (la pâte doit être épaisse), et laissez poser. Après un bain chaud et un gommage minutieux de la peau, appliquez sur les jambes, les bras, le ventre. Testez le temps de pose : 5 min ou plus pour obtenir un joli effet doré !

TRAINING

Challenge squats

Aujourd'hui, faites un petit défi renfo cuisses ni vu ni connu au bureau ! Assise sur le rebord de votre fauteuil de bureau, poussez le sol avec vos talons et balancez votre poids et vos bras en avant pour vous relever, en contractant les fessiers. Puis redescendez en contrôle, toujours sur les talons et bras en avant.

MOTIVATION

Je tiens bon !

À la fin le mental est mis à rude épreuve, car la fatigue musculaire et nerveuse est bien présente. Il faut s'accrocher, toujours se rappeler pourquoi on s'entraîne si dur. Regardez vos résultats, vous êtes si proche de votre objectif ! Allez, on ne lâche rien !

FOOD

Smoothie belle peau anti-radicaux libres

Dans un blender, mixez 2 poignées de bette à carde + 1 avocat + 1 tasse de pastèque + 1 tasse de mûres + 1 figue + ½ tasse de bleuets + ⅛ de tasse de graines de lin + de l'eau selon la consistance souhaitée. Yummy !

NOTES

-
-
-
-
-
-
-

MES TRACKERS

Repas équilibré

Portions raisonnables

Motivation

MON JOURNAL DE TRAINING

Comment j'ai réussi ma séance ? (ressenti musculaire, difficultés…)

Évaluez votre réussite en coloriant le thermomètre.

MERCREDI

TRAINING

Circuit HIIT

- Squats en ouverture/fermeture
- Montées de genoux alternées dynamiques
- Squats sumo + montées de genou
- Fentes montées sur banc alternées
- Gainage sur une jambe et une main (30 s de chaque côté)
- Pompes
- Donkey kicks + élévation de bras opposé
- Superman
- Gainage

Exécutez chaque exercice sur 30 s. 1 min 30 à 2 min 30 de récup' entre chaque tour (selon votre niveau p. 8), plus si besoin.

MOTIVATION

Je suis fatiguée... Ayez toujours des pastilles 100 % naturelle et bio d'acérola dans votre sac (en pharmacie). Lorsque vous avez un petit coup de mou, prenez-en une et hop, coup de boost ! Chez vous, mixez dans un blender 1 fruit + 20 cl de lait végétal (soja ou amande) + du maca (ou du ginseng) + des graines de chia. Une bombe de vitamines !

FEEL GOOD

Beach lipstick

Sur la bouche, pour un maquillage de plage, utilisez les baumes protecteurs teintés et glossy. Ils repulperont discrètement et, un peu teintés de rouge ou de rose, apporteront une touche fraîche.

FOOD

Le jeûne intermittent

À faire ponctuellement (après quelques jours d'excès) ou bien de manière régulière. Mangez 25 % de moins 1 jour sur 2 (par exemple, jeûnez le soir). Cette méthode permet de garder la ligne, de détoxifier le corps lorsqu'il en a besoin et d'éliminer l'excédent de graisse.

MES TRACKERS

Repas équilibré

Portions raisonnables

Motivation

NOTES

MON JOURNAL DE TRAINING

Comment j'ai réussi ma séance ? (ressenti musculaire, difficultés…)

Évaluez votre réussite en coloriant le thermomètre.

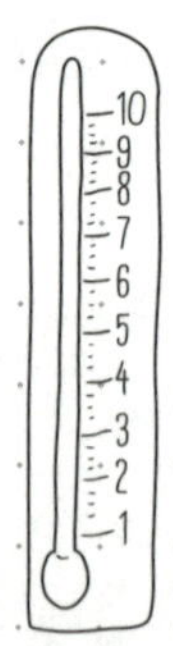

JEUDI

FOOD

Ice tea minceur

Faites infuser 1 pincée de thé vert 5 min dans de l'eau bouillante. Laissez refroidir 5 min. Versez dans un grand verre, ajoutez ½ pêche en morceaux, quelques tranches de citron vert, une dizaine de feuilles de menthe fraîche et des glaçons. Dégustez ! Le citron vert est riche en vitamine C, c'est le top pour la peau.

TRAINING

Stomach vacuum

Allongée au sol, jambes relevées sur l'assise d'une chaise, placez une petite balle (de tennis, rebondissante…) sur votre nombril et cherchez à creuser votre ventre au maximum pour l'aspirer ! Faites 6 reps.

MOTIVATION

Je suis au top

Pour vous booster et contrer la fatigue, utilisez l'huile essentielle de laurier noble ! Elle apporte force, courage et confiance en soi. Versez 1 goutte sur 1 petite c. à c. de miel (ou ½ sucre roux) et avalez. En massage, versez 3 gouttes sur le bout des doigts à faire pénétrer au-dessus du nombril.

FEEL GOOD

Huile protectrice pour les cheveux

En enduisant votre crinière de monoï, vous formez un bouclier contre le sel de mer. C'est mon astuce préférée lorsque je vais me baigner. Pratique, l'huile vous permettra aussi de serrer vos cheveux en un joli chignon et de ne pas être ennuyée par des mèches rebelles. Son parfum de coco est irrésistible !

NOTES

-
-
-
-
-
-
-

MES TRACKERS

Repas équilibré

Portions raisonnables

Motivation

MON JOURNAL DE TRAINING

Comment j'ai réussi ma séance ? (ressenti musculaire, difficultés…)

Évaluez votre réussite en coloriant le thermomètre.

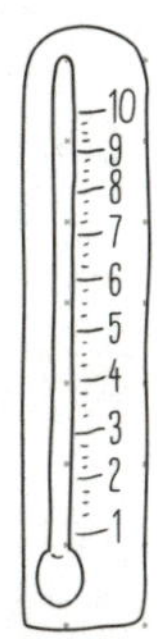

VENDREDI

TRAINING

Circuit HIIT

- Squats + biceps prise marteau
- Fentes croisées + développé militaire
- Jumping jacks
- Squats sumo + fente croisée
- Fentes avant-arrière unilatérales (30 s de chaque côté)
- Spider planks
- Relevés de jambes + barre front
- Gainage ciseaux avec élévation de bras sur le côté (30 s de chaque côté)
- Mountain climbers

Exécutez chaque exercice sur 30 s. 1 min 30 à 2 min 30 de récup' entre chaque tour (selon votre niveau p. 8), plus si besoin.

FOOD

La food hydratante

En plus de boire beaucoup d'eau, tous les fruits et les légumes frais apportent une bonne hydratation. Les fruits au top : tous les agrumes (citron, orange, pamplemousse, pomelo), les pêches, les melons, pastèques, le raisin. Côté légumes : concombre, tomates, salade, courgettes…

FEEL GOOD

Les summer vernis

Les matchs couleur qui fonctionnent si vous avez la peau claire : les nudes rosés, les nudes gris, les couleurs pastel. Si vous avez la peau dorée : tous les nudes, les couleurs acidulées, les prunes et aubergine. Si vous avez la peau mate : les nudes plus soutenus, les couleurs flashy.

MOTIVATION

Oups, pas le temps de faire ma séance aujourd'hui !

Identifiez plutôt ce qui vous mange du temps : regarder des vidéos et surfer sur les réseaux, procrastiner, peaufiner (le perfectionnisme est parfois un ennemi). Réduisez ces activités chronophages et vous trouverez du temps pour votre séance !

MES TRACKERS

Repas équilibré

Portions raisonnables

Motivation

NOTES

MON JOURNAL DE TRAINING

Comment j'ai réussi ma séance ? (ressenti musculaire, difficultés…)

Évaluez votre réussite en coloriant le thermomètre.

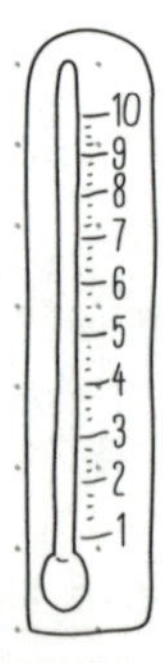

SAMEDI

MOTIVATION

J'y suis presque ! Le meilleur moment des vacances, c'est quand on s'y projette et qu'on imagine toutes les super choses qu'on fera. Profitez à fond de cette période d'excitation, d'autant plus forte que vous vous êtes transformée. Faites une bucket list de vos rêves de vacances. Le top sera d'essayer de tous les cocher !

TRAINING

Yoga renfo dos

La sauterelle : allongée sur le ventre, les bras devant, les paumes de mains qui pressent le sol. Inspirez, à l'expiration joignez fort vos jambes et décollez-les du sol en aspirant le nombril vers la colonne. Inspirez et baissez lentement les jambes. Cela renforce le dos tout en réduisant les tensions. À faire 5 × 30 s.

FOOD

Salade de pastèque et féta (pour 4)

Prélevez la chair d'¼ de pastèque, ôtez les graines et coupez-la en dés. Émiettez 100 g de feta. Dans chaque assiette, placez un lit de roquette, quelques dés de pastèque, des miettes de feta et quelques amandes. Assaisonnez avec 1 c. à s. d'huile d'olive, le jus d'1 citron, du sel et du poivre.

FEEL GOOD

Gommage visage à l'aloe vera et au sucre

Versez dans un bol 2 c. à s de gel d'aloe vera (hydratant) avec 2 c. à s. de sucre (grains gommants) et mélangez jusqu'à obtenir une pâte homogène. Ajoutez 1 c. à c. de citron (antiseptique) et remuez. Massez la peau avec des mouvements circulaires doux.

NOTES

-
-
-
-
-
-
-

MES TRACKERS

Repas équilibré	☐☐☐☐☐☐☐☐	☺
Portions raisonnables	☐☐☐☐☐☐☐☐	☺
Motivation	☐☐☐☐☐☐☐☐	☺

MON JOURNAL DE TRAINING

Comment j'ai réussi ma séance ? (ressenti musculaire, difficultés…)

Évaluez votre réussite en coloriant le thermomètre.

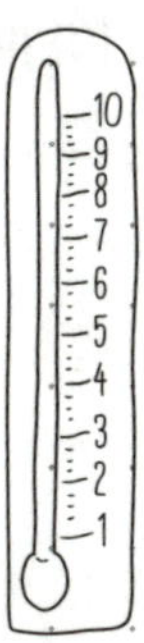

DIMANCHE

TRAINING

Endurance training

Swimming pool day ! Nouveau challenge : c'est parti pour 45 min minimum de nage libre à 65 % de votre FC max. Dernière séance, peaufinez jusqu'au bout votre body pour être au top dans le bikini !

MOTIVATION

Bravo ! Vous avez réussi ! Votre nouveau body, vos nouvelles capacités et votre fierté sont déjà une récompense énorme. Vous serez au top cet été, pas seulement parce que vous avez atteint votre objectif, mais aussi parce que le soleil, ce sera vous ! Au top body and mind, vous rayonnerez. Enjoy !

FEEL GOOD

Rock the maillot !

Mixer des maillots différents donne du style. Combinez les formes (triangle, push up, bandeau avec shorty, culotte ou tanga), les couleurs, mais dans la même densité (flashy ou pastel), mélangez les motifs ! Mais attention à ne pas associer une pièce à motifs avec une pièce unie lorsqu'elles n'ont aucune couleur en commun : faute de goût assurée !

FOOD

Gaspacho (pour 4)

Émondez 1 kg de tomates. Coupez-les en petits dés ainsi qu'1 poivron rouge + 1 poivron vert épépinés et 1 concombre. Émincez finement 1 gousse d'ail et 1 oignon. Versez le tout dans un saladier avec 1 c. à s. d'huile d'olive, du sel et du poivre. Laissez macérer 1 nuit au réfrigérateur. Le lendemain, mixez. Servez bien frais !

MES TRACKERS

Repas équilibré										☺
Portions raisonnables										☺
Motivation										☺

NOTES

-
-
-
-
-
-
-

MON JOURNAL DE TRAINING

Comment j'ai réussi ma séance ? (ressenti musculaire, difficultés…)

Évaluez votre réussite en coloriant le thermomètre.

10 9 8 7 6 5 4 3 2 1

Mon bilan de la semaine 12

Mes victoires

Mes petits échecs

Niveau bien-être, comment je me suis sentie ?

Comment je me suis sentie sur les séances ?

Coloriez ce diagramme bâton selon votre ressenti de difficulté par type de séance (séance bas du corps, haut du corps, full body ou abdos) :

Dur, impossible même !

Dur, mais je me suis dépassée

Dur, mais ça passe

J'ai géré

J'ai réussi facilement

BAS DU CORPS | HAUT DU CORPS | FULL BODY | ABDOS

Comment j'ai réussi mon rééquilibrage alimentaire ? PEUT MIEUX FAIRE ! ☆ ☆ ☆ ☆ ☆ ☆ ☆ ☆ ☆ ☆ AU TOP !

Ce qui m'a aidée à mieux gérer

Ce qui a été compliqué

Ce que je peux faire la semaine prochaine pour progresser :

Vous l'avez fait ! Vous avez relevé le défi des 3 mois de training ! Non seulement vous êtes devenue une vraie guerrière avec un mental d'acier, mais vous êtes désormais une vraie bikini bomba ! Vos efforts ont payé, après cette dernière semaine de sèche intensive qui peaufine votre corps de rêve. La transformation doit être spectaculaire, vous pouvez être fière de vous et de votre corps !

Bilan du mois 3 : sculpter la shape !

Ma check list

- ☐ Je suis régulière sur ma pratique et je n'ai zappé aucun training.
- ☐ Je réussis à tenir mes séances jusqu'au bout.
- ☐ Je tiens l'intensité des exercices combinés et à impact.
- ☐ J'ai un bon souffle.
- ☐ Je poursuis les trainings cardio du dimanche, et je suis toujours plus à l'aise !
- ☐ Je mange toujours équilibré et en juste quantité au quotidien.
- ☐ J'adopte une alimentation healthy, légère, avec un maximum de légumes.
- ☐ Je parviens à limiter les cheat meals (2 par semaine max).
- ☐ Je prends toujours soin de mon corps avec des exercices de yoga et de stretch toutes les semaines.
- ☐ J'ai pris confiance en moi et changé mon regard sur mon corps. Je suis fière de moi, je me sens bien dans mon corps et dans ma tête, prête à être une beach girl !

Résultat : .... / 10

Mon score

En-dessous de 5/10 : la dernière ligne droite est particulièrement difficile, et on comprend que vous ayez eu des difficultés ! Il vous faut peut-être un peu plus de temps pour supporter l'intensité et obtenir les derniers effets brûle-graisse. Poursuivez un peu le training et vous aurez atteint votre bikini body goal !

Entre 6 et 8/10 : quelle transformation, bravo ! Votre body est sculpté à présent. Ok, vous avez peut-être eu quelques coups de mou ou craquages alimentaires, mais vous n'êtes pas loin du but. Pour parfaire les choses, adoptez désormais la nutrition healthy et le training au quotidien, comme un vrai mode de vie. Ce n'est que le début d'une vie au top !

Au-dessus de 8/10 : mais qui est cette jolie bomba dans le miroir ? Mais c'est vous ! Quel travail accompli ! Vous vous êtes transformée physiquement et mentalement, vous ne serez plus jamais la même. Bravo pour toute cette persévérance. Votre nouvelle confiance en vous et votre sexy body vont faire des envieuses !

Ce dont je suis le plus fière

....

....

....

....

Mes atouts

....

....

....

....

....

Mon bien-être

Globalement, sur le mois, avez-vous bien pratiqué vos séances feel good ? Elles sont le petit plus qui va booster votre amincissement et sublimer votre corps pour le bikini day ! Ne les négligez pas pour obtenir un max de résultats ! Coloriez selon votre satisfaction.

Énergie ☐☐☐☐☐☐☐☐ ☺

Beauté/anticellulite ☐☐☐☐☐☐☐☐ ☺

Détente ☐☐☐☐☐☐☐☐ ☺

Mandala motivation

Coloriez la case du jour selon la légende. Étiez-vous motivée ou plutôt le moral dans les chaussettes et toute molle en training ? Vous dessinez ainsi l'atmosphère de votre programme et votre réussite !

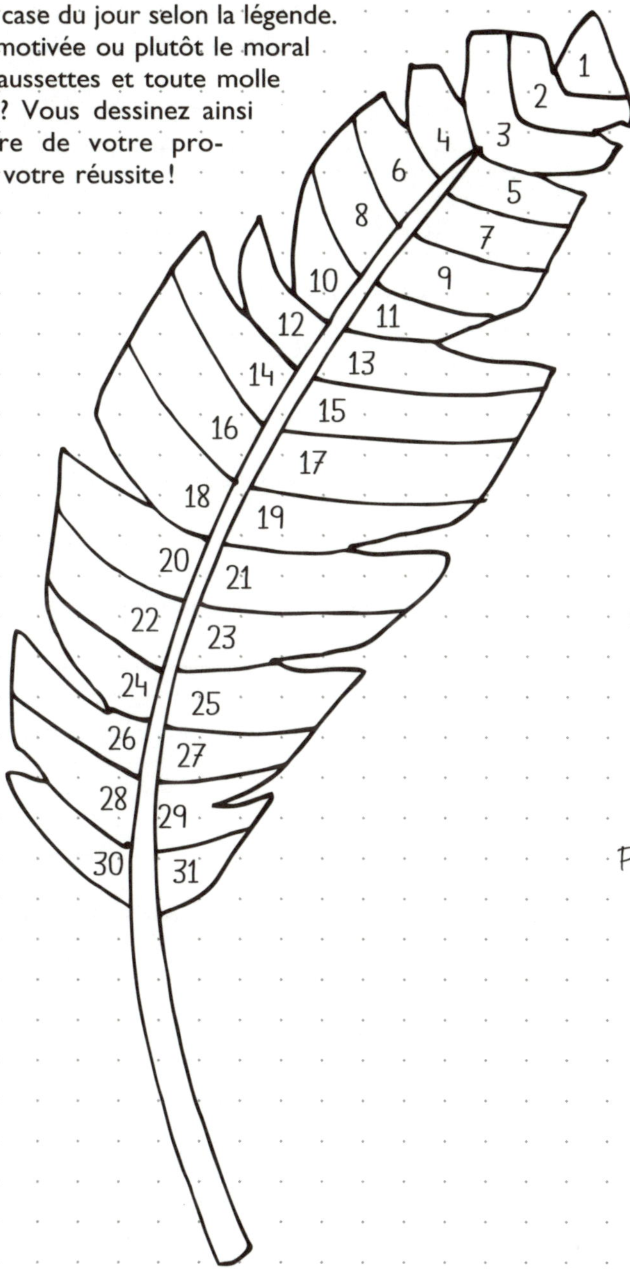

Fière de ma séance.

Satisfaite de ma séance !

Pas hyper satisfaite, je ferai mieux demain.

Pas du tout satisfaite.

MES NOTES

Conclusion : c'est le jour J !

La fin de votre programme n'est que le début de votre nouvelle vie ! À présent que vous avez pris du plaisir en training, à la victoire et aux objectifs atteints, ne vous arrêtez plus ! Sur la plage, saisissez toutes les opportunités de bouger et, une fois rentrée, joliment bronzée et à l'aise avec votre corps, débutez un nouveau programme, avec de nouveaux objectifs. Et poursuivez ainsi de suite pour en faire une hygiène de vie.

N'hésitez pas à modifier votre programme dès que vous avez l'impression de stagner. S'il est inutile d'en changer tous les mois, il est bénéfique de le faire évoluer dès que vous n'observez plus aucun effet physique. Cela signifie qu'il est temps de varier vos exercices et vos méthodes d'entraînement. Surtout, ne prenez aucune méthode pour acquise. Mais l'essentiel : prenez du plaisir !

LES BEAUTIFUL GIRLS,
C'EST TOUTE UNE COMMUNAUTÉ !

Retrouvez plein de bonus, de conseils feel good,
des recettes, des trainings,
et des actus tendance **MADE BY MON CAHIER !**

Un lieu rien que pour vous :
http://mylifeisbeautiful.fr/

Une communauté de filles stylées :
VOUS DÉCHIREZ

mylifeisbeautiful.fr · mylifeisbeautiful.fr

Direction : Jean-Louis Hocq
Direction éditoriale : Marion Guillemet
Édition : Gwladys Greusard
Correction : Christine Cameau
Conception et mise en couleur de la couverture : Stéphanie Brepson
Mise en pages : Nord Compo
Fabrication : Céline Premel-Cabic

ISBN : 978-2-263-16056-1 – Code éditeur : L16056
Dépôt légal : mai 2019
Imprimé en Espagne par Liberdúplex

Solar, un département d'Edi 8

FSC
www.fsc.org
MIXTE
Papier issu de
sources responsables
FSC® C003309

SolarEditions
solar_editions

mylifeisbeautiful.fr
mylifeisbeautiful.fr